BENJAMIN FERENCZ

»Sag immer Deine Wahrheit«

BENJAMIN FERENCZ

»Sag immer Deine Wahrheit«

Was mich 100 Jahre Leben
gelehrt haben

Verfasst von Nadia Khomami

Aus dem Englischen von
Elisabeth Schmalen

HEYNE ‹

Die Originalausgabe erschien 2020 in Großbritannien
unter dem Titel »Parting Words; 9 Lessons for a
Remarkable Life« bei Sphere, einem Imprint von Little,
Brown Book Group

Penguin Random House Verlagsgruppe FSC® N001967

Deutsche Erstausgabe 2020
© 2020 Benjamin Ferencz
Verfasst von Nadia Khomami
© der deutschsprachigen Ausgabe 2020 by
Wilhelm Heyne Verlag, München,
in der Penguin Random House Verlagsgruppe GmbH,
Neumarkter Straße 28, 81673 München
Redaktion: Ulrike Strerath-Bolz
Umschlaggestaltung: Martina Eisele Grafik Design
Umschlagfoto: Robin Utrecht Fotografie
Herstellung: Helga Schörnig
Bildredaktion: Tanja Zielezniak
Satz: Vornehm Mediengestaltung GmbH, München
Druck und Bindung: Friedrich Pustet KG, Regensburg
Printed in Germany
ISBN: 978-3-453-21808-6

www.heyne.de

*Für meine geliebte verstorbene Frau Gertrude,
die am 14. September 2019 von uns ging,
nach vierundsiebzig Jahren glücklicher Ehe und
liebevoller Partnerschaft ohne jeden Streit.*

Inhalt

Einleitung

Ich frage Ben Ferencz oft, warum er so gut gelaunt ist.

»Wer innerlich weint, sollte nach außen besser lachen, Mädel. Es bringt ja nichts, in einem See aus Tränen zu ertrinken«, lautet seine Antwort.

Geschichte war für mich etwas gewesen, auf das man nur in Büchern und den schwarz-weißen Filmausschnitten trifft, die in der Schule gezeigt werden. Die alten Bilder von Krieg, Zerstörung und Wiederaufbau scheinen weit von unserem heutigen Alltag entfernt zu sein. Aber die Menschen, die aktiv dafür gesorgt haben, dass die Welt in ihrer heutigen Form existiert, sind nicht immer illustre Gestalten aus einer längst vergangenen Zeit, bevor das Gute über das Böse triumphierte.

Ich entdeckte Ben durch puren Zufall. Als ich eines Abends durch die amerikanischen Nachrichtenkanäle zappte, blieb ich an einem Bericht über ihn hängen. Ich schrieb damals für den *Guardian* in London, und Bens Worte weckten mein Interesse. Als ich seinen Namen recherchierte, stellte ich überrascht fest, was für ein bedeutender Mann er war und über welchen großen Erfahrungsschatz er verfügte.

In einem Video, aufgenommen im Hauptverhandlungssaal des teilweise wiederaufgebauten Justizpalasts in Nürnberg – der Stadt, in der die Nazis einst ihre Reichsparteitage abhielten –, sah ich, wie Ben, ein wortgewandter und entschlossener Siebenundzwanzigjähriger, dessen geringe Körpergröße durch ein großes Holzpult verdeckt wurde, als Chefankläger den größten Mordprozess der Geschichte eröffnete. Die zweiundzwanzig Mitglieder der *Einsatzgruppen*, der Nazi-Vernichtungstruppen, die für den Tod von mehr als einer Million Juden und Angehörigen anderer Minderheiten verantwortlich waren, starrten ihn von der Anklagebank aus an.

Ich bin mir nicht sicher, warum mich dieser Anblick so berührte, aber ich verspürte ein plötzliches Bedürfnis, zum Telefon zu greifen und diesen Mann anzurufen. Vielleicht lag es daran, dass ich genauso alt war wie er während des Prozesses vor mehr als siebzig Jahren. Vielleicht lag es an der aktuellen Nachrichtenlage. Das Votum der Briten, aus der EU auszutreten, die Wahl eines Reality-TV-Stars zum fünfundvierzigsten Präsidenten der Vereinigten Staaten, die Bürgerkriege im Nahen Osten – überall schien die weltweite Nachkriegsordnung rasant in sich zusammenzufallen. Vielleicht lag es aber auch einfach nur daran, dass ich gerade eine schlimme Trennung hinter mir hatte und jemanden brauchte, der mir in Erinnerung rief, wie unbedeutend mein privates Drama angesichts tief greifender Probleme wie Krieg und Terror war.

Also nahm ich Kontakt zu Ben auf und erhielt einen Termin für ein Telefongespräch mit ihm. Ich muss zugeben, dass ich einen ernsten, schwermütigen Menschen erwartete. Doch das Erste, was mir auffiel, war seine mitfühlende und charmante Art. Auch im hundertersten Lebensjahr hat er nichts von seinem geistreichen Scharfsinn eingebüßt, und trotz der Schrecken, die er erlebt hat, ist er immer zu Scherzen aufgelegt.

Innerhalb von Minuten war klar, dass er über die Gabe verfügt, Menschen zu inspirieren. Aus unserem Gespräch wurde ein Interview, das im Feuilleton des *Guardian* erschien. Der Artikel zog mehr Aufmerksamkeit auf sich als alles andere, was wir an jenem Tag herausbrachten, und die Leute lasen ihn am Stück bis zum Ende durch, was in heutigen Zeiten sehr ungewöhnlich ist. Ich habe in fünf Jahren als Journalistin nie positivere Rückmeldungen auf eine Geschichte erhalten. Leser aller Altersgruppen aus der ganzen Welt meldeten sich bei mir, um mir mitzuteilen, wie sehr Bens Worte sie berührt hatten.

Die folgenden Kapitel sind das Ergebnis einer Reihe von Gesprächen, die ich über mehrere Monate hinweg mit Ben geführt habe. Ich könnte behaupten, dass ich mich weiterhin mit ihm unterhalten habe, damit mehr Menschen in den Genuss dessen kommen, was er zu sagen hat. Das trifft auch zu, doch auf einer tieferen Ebene blieb ich aus rein egoistischen Gründen mit

Ben in Kontakt: Er ist ein überaus einnehmender und unterhaltsamer Mensch und gibt wirklich gute Ratschläge.

»Ich bin heute traurig, Benny«, sage ich manchmal.

»Meine Liebe«, antwortet er dann, »was auch immer der Grund ist, ich bin mir sicher, dass du schon Schlimmeres überstanden hast.«

Ben ist unheimlich gut darin, sich an genaue Details und Anekdoten aus früheren Zeiten zu erinnern, sei es der volle Name von Menschen, die er getroffen hat, oder das Wetter an einem bestimmten Tag. Als ich ihm vorschlug, die Gespräche zu führen, aus denen letztendlich dieses Buch entstehen sollte, reagierte er zunächst zurückhaltend. »Du kannst dir nicht vorstellen, wie viel ich zu tun habe«, sagte er. »Ich bin so beschäftigt, dass ich keine Zeit habe, um herauszufinden, warum ich so bin, wie ich bin; ich habe ja nicht einmal Zeit, um zu sterben.« So ging es eine Zeit lang hin und her – er beharrte darauf, dass sein Terminplan voll sei, ich darauf, dass das Ganze nicht viel Zeit in Anspruch nehmen würde. »Meine Liebe«, meinte er nach einer Dreiviertelstunde trocken zu mir, »so bringst du deinen Protagonisten noch ins Grab.«

❖

Am allermeisten hat mich im Verlauf unserer gemeinsamen Zeit fasziniert, wie viel Ben und ich gemeinsam haben, obwohl ein Ozean und sieben Jahrzehnte zwischen uns liegen. Wir sind beide in sehr jungen Jahren in ein neues Land gekommen und in einer rauen Umgebung aufgewachsen, gefangen zwischen den Kulturen und den Kontinenten. Wir haben uns Sprachen durch Freundschaften und untertitelte Filme beigebracht. Wir waren lernbegierig, aber unfähig, uns an Regeln und Vorschriften zu halten. Wir waren die Ersten in unserem engeren Familienkreis, die auf die Universität gingen, wo wir schnell feststellten, dass wir mehr Zeit und Mühe aufbringen mussten als andere, um nicht den Anschluss zu verlieren. Wir studierten beide Jura, schwammen gern und verloren niemals den Humor. Wir haben sogar am gleichen Tag Geburtstag, auch wenn Ben mich jedes Mal, wenn ich ihn daran erinnere, warnt: »Komm nicht auf die Idee, etwas Blödes zu veranstalten und mir damit den Tag zu ruinieren, Kind.«

Auf den Bildern zum Artikel im *Guardian* trägt Ben blaue Shorts und Hosenträger, ein fröhlicher Mann in einer Wohnanlage in Delray Beach, Florida. Er hat die Hände in die Hüfte gestützt und schaut durch seine Brille in die Kamera, ein Lächeln auf den Lippen und die Sonne hinter dem Kopf. Auf einen unbeteiligten Betrachter wirkt er wie der nette alte Mann von nebenan, der Großvater, den man gerne am Wochenende und in den Ferien besucht. In seinem Garten hört man oft Enten quaken.

Doch Ben ist in keiner Hinsicht gewöhnlich. Fatou Bensouda, die Chefanklägerin am Internationalen Strafgerichtshof, hat ihn als »Ikone der internationalen Strafgerichtsbarkeit« bezeichnet; Alan Dershowitz, ein angesehener Anwalt und Verfechter der bürgerlichen Freiheit, der O. J. Simpson und Donald Trump verteidigt hat, nannte ihn die »Verkörperung des internationalen Weltverbesserers«, und Barry Avrich, der Regisseur der Netflix-Dokumentation *Prosecuting Evil* über Bens juristische Erfolge, in der alle Genannten auftreten, betrachtet ihn als eine der symbolträchtigsten Personen unserer Zeit.

Die folgenden Kapitel decken nur einen Teil dessen ab, was Ben im Verlauf seines bemerkenswerten Lebens alles gelernt hat, aber ich will versuchen, seine Geschichte hier zusammenzufassen. Er ist Träger von fünf *Battle Stars* – Verdienstauszeichnungen des US-Verteidigungsministeriums –, da er im Zweiten Weltkrieg sämtliche großen Schlachten in Europa miterlebt und überlebt hat. Er war bei der Landung in der Normandie dabei, beim Durchbruch durch die Maginot-Linie und den Westwall der deutschen Verteidigung, er hat den Rhein über die Brücke von Remagen überquert und war an der Abwehr der Ardennenoffensive in Bastogne beteiligt.

Nach seiner Versetzung in das Hauptquartier von General Pattons dritter Armee im Jahr 1944 erhielt Ben die Aufgabe, eine neue Abteilung zur Verfolgung von Kriegsverbrechen aufzubauen. Er war bei der oder kurz nach der Befreiung mehrerer Konzentrationslager vor Ort, darunter Buchenwald, Mauthausen, Flossenbürg und Ebensee, um Beweise für die Verbrechen der Nazis zu sichern – Beweise, die sich vor Gericht verwenden lassen würden. Ben grub oberflächlich verscharrte Leichen aus, manchmal mit bloßen Händen. Und er sah

Szenen des absoluten Grauens, die ihn bis heute verfolgen.

Als sich die USA in die Wirren des Vietnamkriegs verstrickten, beschloss Ben, aus seiner Kanzlei auszusteigen und sich für den Frieden einzusetzen. Er schrieb in den folgenden Jahren mehrere Bücher, in denen er seine Ideen für eine internationale juristische Instanz darlegte und die entscheidend zur Gründung des Internationalen Strafgerichtshofs in Den Haag beitrugen. Außerdem setzte er sich dafür ein, Holocaust-Überlebenden ihren Besitz zurückzuerstatten, und war an den Verhandlungen über das Wiedergutmachungsabkommen zwischen Israel und der Bundesrepublik Deutschland beteiligt.

❖

Bens Karriere umspannt mehr als siebzig Jahre; er hat mehr erlebt als die meisten Menschen. Seine Geschichte ist eine klassische Vom-Tellerwäscher-zum-Millionär-Erzählung. Er wurde in eine jüdische Familie in Transsilvanien hineingeboren und zog schon im Alter von neun Monaten mit seinen Eltern und Geschwistern nach Hell's Kitchen in New York. Dort arbeitete er später hart daran, der Armut zu entkommen, bis er dank eines Stipendiums ein Jurastudium an der Harvard Law School absolvieren konnte.

Für seine Arbeit hat er viele Auszeichnungen erhalten, unter anderem 2014 die Medal of Freedom der Harvard University, die auch schon Nelson Mandela bekam. Ben nutzt seine Position bis heute, um sich für das Gute einzusetzen, und hat Millionen Dollar an das Genozid-Präventionszentrum des *Holocaust Memorial Museum* in Washington gespendet. Seine fortdauernden Bemühungen, eine globale Instanz zur Verfolgung von Völkermord, Kriegsverbrechen und Verbrechen gegen die Menschlichkeit zu etablieren, sind wirklich bemerkenswert. »Ich interessiere mich nicht für Ruhm, ich interessiere mich nicht für mein Erbe, ich interessiere mich nicht für Geld – ich würde alles weggeben«, sagt er. »Ich bin mittellos auf die Welt gekommen, habe den Großteil meiner Kindheit in Armut verbracht und gebe jetzt alles zurück.«

❋

Der Mann gönnt sich einfach keine Ruhepause. An einem Wochenende, kurz bevor er wegen der Werbekampagne für die Netflix-Dokumentation nach Los Angeles flog, fragte ich ihn, ob er mit mir tauschen würde. »Du bist auf dem Weg ins sonnige Hollywood und ich sitze hier im verregneten London«, klagte ich. Er brach in sein übliches herzliches Gelächter aus und sagte, dass er natürlich sofort mit mir tauschen würde. »Ich habe einmal für das Holocaust Memorial Museum an einer Werbetour für einen Film teilgenommen«, erklärte er dann. »Es ging in New York los, und dann kamen Washington, Los Angeles, San Diego und Chicago. Aber da klappte ich zusammen. Meine nächste Erinnerung ist, wie ich im Krankenhaus aufwachte. Doch ich machte mir damals keine Sorgen, weil dort in dem kleinen Zimmer ein großes Kreuz an der Wand hing, unter dem stand: ›Auferstehungsgesellschaft Chicago‹.« Tod und Sterben sind bei ihm allgegenwärtige Themen. »Es könnte mir gar nicht besser gehen«, sagt er immer, wenn ich ihn frage. »Und weißt du auch, warum? Ich kenne die Alternativen.«

✤

Es gibt niemanden mehr auf der Welt, der Bens Erfahrungen teilt. Als letzter noch lebender Ankläger der Nürnberger Prozesse hat er das passende Motto für alle, die wie er dafür sorgen wollen, dass der gesunde Menschenverstand über das Morden siegt: »Law, not war« – Recht statt Krieg. Dieser Satz taucht in jedem Gespräch mit ihm und in jeder seiner Anekdoten auf. Es wurde auch schon behauptet, Ben sei de facto eine Art Weltgewissen, weil er jeden Tag für mehr Gerechtigkeit kämpft. Seinem Sohn Donald zufolge beginnen sogar Mahlzeiten im Familienkreis mit der Frage: »Was hast du heute für die Menschheit getan?«

»Mir ist immer bewusst, wie viel Glück ich gehabt habe«, sagt Ben. »Ich bin als armer Sohn armer Eltern zur Welt gekommen. Ich habe die Schrecken des Krieges in jeder großen Schlacht überlebt. Ich habe eine wunderbare Frau kennengelernt. Ich habe vier Kinder großgezogen, die es zu etwas gebracht haben. Und ich erfreue mich einer hervorragenden Gesundheit. Mehr könnte niemand verlangen. Jedes Mal, wenn ich das Haus verlasse oder zurückkomme, schätze ich mich glücklich.«

❖

Als Nachrichtenredakteurin habe ich jeden Tag mit negativen Schlagzeilen zu tun. Die Welt scheint dem Untergang immer näher zu kommen. Die Welle des nationalistischen Denkens ist ungebrochen; Anführer der sogenannten freien Welt treten für Unilateralismus ein, während sie sich mit Beratern umgeben, die die Kriegstrommeln schlagen; die blutigen Aufstände reichen von Beirut bis nach Hongkong und Paris. Unsere Gesellschaften haben sich in ein Schlachtfeld für immer schlimmer werdende Kulturkämpfe verwandelt, die »Wir gegen sie«-Rhetorik erstickt jedes Mitgefühl und verteufelt Kompromisse. All das passiert, während etablierte Wirtschaftssysteme Ungleichheit und Korruption hervorbringen und Autokraten eine Minderheit gegen die andere aufhetzen und gleichzeitig an den in der Verfassung festgeschriebenen Regelungen und Institutionen sägen. Werte und Ideale, die einmal als selbstverständlich galten, etwa Gerechtigkeit und Großzügigkeit, sind immer stärker bedroht. Nie zuvor wurde eine Stimme wie die von Ben so dringend benötigt.

Doch manchmal stehen mir all diese Geschehnisse auch im Weg, und ich habe entweder zu viel zu tun oder ich vergesse, meinen Freund in der anderen Zeitzone anzurufen. »Die verschollene Nadia!«, neckt er mich dann, wenn ich mich schließlich bei ihm melde. »Rufst du nur an, um dich davon zu überzeugen, dass ich dich noch kenne?«

Aber Ben versteht mich, weil auch er die Nachrichten verfolgt. Er weiß, dass viel auf dem Spiel steht, weil er überzeugt ist, dass der nächste Krieg der letzte sein wird. Er mischt sich weiterhin überall dort ein, wo er es für sinnvoll hält – vor Kurzem hat er einen Brief an die *New York Times* geschrieben, als die USA und der Iran kurz vor einem offenen Konflikt standen. »Der Zirkus nimmt kein Ende«, sagt er. »Sie führen sich immer noch auf wie Dummköpfe.« Ben hält engagierte Vorträge an Schulen und Universitäten und geht die Stapel von Fanpost durch – oder Liebesbriefe, wie ich ihn gern aufziehe –, die er täglich erhält und die er hin und wieder auch beantwortet.

✳

Es gibt Zyniker, die uns glauben machen wollen, dass sich die Menschen durch Geburt, ethnische Zugehörigkeit, Religion oder Grundüberzeugungen voneinander unterscheiden oder dass Flüchtlinge den Wohlstand und die Kultur eines Landes gefährden. All die Geschichten über Migrantenlager, Überquerungen des Ärmelkanals und Abschiebezentren dienen dazu, die Unbekannten zu entmenschlichen. Wir verinnerlichen diese Geschichten – bewusst oder unbewusst – und zweifeln an unseren oder anderer Leute Fähigkeiten, zu leuchten und Gutes zu tun. Aber in Ben sah ich etwas, das ich in mir so noch nicht entdeckt hatte: Vorstellungsvermögen, Fleiß und Stolz. Er lehrt uns, wie widerstandsfähig der Geist selbst unter schlimmsten Bedingungen ist. Wir können lernen, dass wir mehr gemeinsam haben, als uns bewusst ist, egal, woher wir kommen oder was wir tun, und dass wir vereint einfach stärker sind.

Fortschritt geht nicht schnell vonstatten, es handelt sich um eine langsame und komplexe Entwicklung. Doch Wunder sind möglich, das ruft Ben mir gern in Erinnerung, wenn ich frustriert bin. Galten nicht selbst grundlegende Dinge wie die Abschaffung des Kolonialismus und der Sklaverei, die Frauenrechte, die sexuelle Befreiung und sogar die Mondlandung noch vor wenigen Jahrzehnten als unvorstellbar?

Trotz seines Optimismus war das letzte Jahr eine schwere Zeit für meinen Freund. Seine Frau Gertrude, mit der er über achtzig Jahre zusammen war, ist vor Kurzem verstorben. Er spricht häufig von ihr und erzählt, dass sie jetzt hundert Jahre alt wäre. Die Erwähnung ihres Namens und seiner ungebrochenen Liebe zu ihr zählt zu den wenigen Dingen, die ihn zum Weinen bringen. Doch im Grunde handelt es sich um Freudentränen, weil seine Frau als Seelenverwandte seine Leidenschaft dafür geteilt hat, die Welt zu einem besseren Ort zu machen und anderen zu einem erträglicheren Leben zu verhelfen. Einst waren sie beide Fremde in einem fremden Land, die sich unbedingt beweisen wollten und hart arbeiteten, um ihre Lebensumstände zu verbessern.

Wenn ich Ben frage, welche drei Ratschläge er jungen

Leuten geben würde, zögert er keine Sekunde lang. »Das ist einfach«, sagt er. »Erstens: Gib niemals auf. Zweitens: Gib niemals auf. Drittens: Gib niemals auf.«

Diese Maxime trage ich stets in mir.

Nadia Khomami

KAPITEL 1

ÜBER TRÄUME

Man muss nicht mit dem
Strom schwimmen

Ich kam in einem Haus in einem Land zur Welt, das es nicht mehr gibt: Transsilvanien. Meine Schwester wurde ein Jahr früher im gleichen Bett geboren. Sie war Ungarin. In meinem Pass stand, ich sei Rumäne. Nach dem Ersten Weltkrieg gingen Teile von Transsilvanien an Rumänien über, das Land, das als Heimat von Graf Dracula bekannt ist. Es spielte keine Rolle, dass sich der Name des Landes verändert hatte, doch es spielte eine Rolle, wie es seine Einwohner behandelte. Da Ungarn und Rumänien gleichermaßen antisemitisch eingestellt waren, hielten es meine Eltern für sehr ratsam, ihr Dorf und das Land – die Länder – zu verlassen.

So begann mein Lebensweg: in absoluter Armut. In der Kate, in der ich zur Welt kam, gab es kein fließendes Wasser, keine Toilette und keinen Strom. Sie bestand nur aus einem Stockwerk und einem Dachboden. Um Wasser zu holen, mussten wir mehrere Häuserblocks weit bis zu einem Brunnen in der Dorfmitte laufen.

Sobald es ging, bestiegen wir ein kleines Schiff nach

Amerika. Mitten im Winter 1920 schliefen wir auf dem offenen Deck. Wir reisten in der dritten Klasse, weil es keine vierte Klasse gab. Mein Vater, rastlos und von Schlafmangel gezeichnet, hätte mich fast über Bord geworfen, weil ich ständig vor Hunger schrie; es ist nur dem Eingreifen eines mitreisenden Onkels zu verdanken, dass ich gerettet wurde.

Als wir in den Hafen von New York einliefen, kamen wir an der Freiheitsstatue vorbei – woran ich mich nicht mehr erinnere, da ich ja erst neun Monate alt war. Der Einwanderungsbeamte auf Ellis Island fragte meine Eltern nach meinem Namen. Da meine Eltern kein Englisch sprachen und der Beamte weder Ungarisch noch Rumänisch oder Jiddisch, stimmte bis auf den Familienstatus nichts von dem, was er über mich aufschrieb. Meine Eltern nannten ihm meinen jiddischen Namen: Berrel. Er fragte: »Bella?«, und entschied nach einem Blick in das Babykörbchen, dass ich vier Monate alt sei. Nur durch Zufall und erst nach meinem vierundachtzigsten Geburtstag erfuhr ich, dass ich damals unter Vorspiegelung falscher Tatsachen in die Vereinigten Staaten eingewandert war: als vier Monate altes Mädchen.

Nun war ich also in Amerika. Die ersten Tage oder Wochen verbrachten wir in einer Sammelunterkunft der *Hebrew Immigrant Aid Society*, einer jüdischen Hilfsorganisation, die Neuankömmlingen ein Dach über dem Kopf bot. Als ich rund vierzig Jahre später einen Vortrag für die Organisation hielt, war man dort überrascht, aber durchaus erfreut darüber, dass ich in genau jenem Gebäude meinen ersten Tag in Amerika verbracht hatte. Mein Vater, der Schuhmacher war und nur ein Auge hatte, suchte vergeblich nach Arbeit. Trotz seiner eingeschränkten Sehfähigkeit war er stolz darauf, ein Paar Stiefel aus einer einzigen Kuhhaut fertigen zu können. Er hatte seine schwere Ausrüstung – Dreifuß, Hämmer und andere Werkzeuge – quer über den Atlantik geschleppt. Irgendjemand hätte ihn vorwarnen sollen, dass es in New York keine Kühe gab, geschweige denn Kunden, die sich für handgemachte Stiefel von einem transsilvanischen Schuster interessiert hätten.

Da er kein Wort Englisch sprach, kaum lesen konnte und weder Geld noch ein Dach über dem Kopf hatte, war er froh, als ihm ein jüdischer Hausbesitzer eine Stelle als Hausmeister in einem Wohnhaus in der 56th Street anbot, in dem Teil der Stadt, der als Hell's Kitchen bekannt war. Wir durften einen Kellerraum in diesem Haus beziehen. Das war mein erstes Zuhause im gelobten Land, und dort schlüpfte mein Geist aus seinem Kokon.

Ich erinnere mich noch daran, dass unser Wohnbereich vom Rest des Kellers abgetrennt war. Der mit Holz betriebene Herd stand neben dem ausladenden Waschbottich, den wir auch zum Baden nutzten. Als wir irgendwann eine richtige Badewanne aus verzinktem Metall bekamen, die wir draußen in den Gang stellten und eimerweise mit heißem Wasser füllten, feierten wir ein Fest. Das Zimmer, in dem ich schlief, hatte keine Fenster, und die Wände waren immer feucht, weil es sich um einen Kellerraum handelte. In anderen Teilen des Kellers hielten sich häufig Alkoholiker und Vagabunden auf, die dort Schutz vor der Kälte suchten und auf Betten aus alten Zeitungen schliefen.

Die Bezeichnung Hell's Kitchen – Höllenküche – kam nicht von ungefähr. Es war tatsächlich die Hölle. In diesem Teil des Westens von Manhattan reihten sich alte Mietshäuser ohne Fahrstuhl aneinander – es ist das New York, das man aus alten Filmen kennt, wo die Rauchwolken hinter den Brownstone-Bauten aufsteigen und es in den Straßen von Arbeitern und Gangstern wimmelt, die rauchend an den Ecken stehen. Hier herrschte die höchste Kriminalitätsrate im ganzen Land; es war ein hartes Pflaster, wo ich eine wichtige Lektion lernte: Leben und leben lassen.

Wir waren immer hungrig. Meine Eltern, die einander schon vor ihrer Geburt versprochen worden waren, kamen nicht gut miteinander aus. Ich war ein sehr kleines, aber quirliges Kind, das niemals still saß. Ich schrie mit einem ungarischen Akzent. Meine Schwester und ich durften nicht nach draußen auf die Straße, weil es dort wegen der »Penner« nicht sicher war. Wir kamen nur an die frische Luft, wenn wir uns auf die oberste Stufe der Kellertreppe setzten, die sich auf Höhe des Gehwegs befand. Wenn unsere Mutter nach unten ging, um zu kochen, lief ich davon, um etwas zu erleben. Ich fühlte mich nie als Außenseiter, ich war immer Amerikaner. Ich wusste, dass ich Jude war, aber mir war nicht bewusst, dass ich Rumäne oder Ungar war. Kinder können sich immer miteinander verständigen; sie müssen nicht die gleiche Sprache sprechen. Ich unterhielt mich in Satzfetzen und nutzte Gesten und die Wörter, die ich kannte, bis ich schließlich genug aufgeschnappt hatte.

Eins ist bei allen Kindern gleich: Sie suchen nicht nach Unterschieden zwischen sich und ihren Freunden, achten nicht auf Herkunft, Hautfarbe oder Überzeugungen und sind selten mit ihrer Situation unzufrieden, bis sie es eingetrichtert bekommen, weil sie nichts anderes kennen. Wichtiger als materielle Dinge, Möglichkeiten, die ihnen nicht offenstehen, oder die Suche nach Trennendem sind ihnen Gemeinschaftsgefühl, Freude, Freiheit und Unabhängigkeit. Das ist eine Geisteshaltung, die wir uns ins Erwachsenenalter hinein bewahren sollten.

Die Bewohner von Hell's Kitchen waren größtenteils irische und italienische Einwanderer, und ihre Sprösslinge waren vor allem daran interessiert, die jeweils anderen zu verprügeln oder auf dem Gehweg um Geld zu würfeln. Ich wurde von beiden Seiten als Maskottchen aufgenommen. In jenen Tagen gab es keine Ablenkungen wie Fernsehen, Videospiele oder Handys; die einzige Unterhaltung bestand darin, in Hauseingängen herumzulungern und Unruhe zu stiften.

Da es in der Nachbarschaft so viele Streitigkeiten gab, gehörte Kriminalität zum Alltag. Meine Erfahrungen in diesem Bereich beschränkten sich darauf, im Gemüseladen Kartoffeln zum Grillen zu klauen und Schmiere zu stehen, wenn meine Kumpels irgendwelchen zweifelhaften Tätigkeiten nachgingen. Wenn man damals eine Gruppe Kinder auf dem Boden knien sah, waren sie mit Sicherheit nicht ins Gebet vertieft, sondern in ein Würfelspiel. Dabei warfen sie das Geld in einen Topf, und ich beschützte sie vor Rivalen und der Polizei. Ich stand an der Ecke und rief: »Chicky, chicky« – ein umgangssprachlicher Ausdruck, der davor warnte, dass ein Polizist im Anmarsch war. Irische Cops fluchten dann, verjagten die Kinder und drehten sich dann wieder um und steckten das Geld selbst ein. Ich fand: Was gut genug war für die Polizei, war auch gut genug für mich. Also steckte ich die Pennys stillschweigend ein, bevor der Beamte zurückkehrte. Ein paar Münzen ließ ich allerdings immer für ihn liegen. Nennen wir es das Gerechtigkeitsempfinden eines Fünfjährigen.

Ich verfolgte keinerlei Pläne, sondern lebte ganz und gar in den Tag hinein. Ich setzte nur auf meinen Einfallsreichtum. Manchmal reicht das aus. Als ich bemerkte, dass eine Reihe von Jungen auf der 8th Avenue Zeitungen verkauften, dachte ich mir, das könnte ich auch, und wollte mir ein paar Pennys dazuverdienen. Ich schnappte mir ein paar von den alten Zeitungsbündeln aus dem Keller und marschierte die Straße auf und ab: »Zeitungen! Kaufen Sie Zeitungen!« Ich verkaufte eine ganze Menge Exemplare für zwei Cent, bis eines Tages ein Mann auf das Datum schaute und erkannte, dass sein neu erstandenes Druckerzeugnis gar nicht neu war. Er begleitete mich zu meinem Vater, der mich züchtigte – bevor er fragte: »Wo ist das Geld?«

Aber Geld ist nicht alles. Wenn ein junger Künstler nach einem kleinen Mädchen suchte, das sich als Modell für das Titelblatt eines beliebten Magazins eignete, fiel die Wahl auf mich: wegen meines blonden Haares – von meiner Mutter in die damals üblichen Topfschnittform gebracht – und der Bluse, die ich mir für diesen Anlass von meiner Schwester lieh. Ich erhielt zwei Dollar und fünfzig Cent, doch viel wichtiger war mir, dass die hübschen Fotomodelle im Studio von meiner Niedlichkeit begeistert waren und mich mit Umarmungen und Küssen überschütteten.

Auch ohne Wohlstand lässt sich viel erreichen. Meine Verbindung zu Tony, dem Schuhputzer, zahlte sich für beide Seiten aus. Ich blieb stets vor seiner kleinen Kabine zwischen zwei hoch aufragenden Gebäuden in der 56th Street stehen und wünschte ihm einen guten Morgen. Damals lernte ich, mit italienischem Akzent zu sprechen und erhielt als Geste der Freundschaft jedes Mal ein Schokoladenbonbon. Sollte ich einmal zu spät nach Hause kommen, schenkte ich meiner Mutter eines der Bonbons, um sie zu besänftigen. Daher sagte sie, wenn ich versuchte, mich bei ihr einzuschmeicheln, ihr ganzes Leben lang: »Da kommt Benny mit den Schokobonbons.«

Zu dem Zeitpunkt versuchte sich mein Vater, der damals unter dem Namen »Hausmeister-Joe« bekannt war, als Schwarzbrenner – in den 1920er-Jahren keine unübliche Beschäftigung in Hell's Kitchen. In einer Zeit, in der die Herstellung, der Verkauf und der Konsum von alkoholischen Getränken gegen das Gesetz verstieß, brannte er mithilfe einer Kupferdestille, die in unserem Keller versteckt war, Whiskey aus gestampften Kartoffeln. Wer uns besuchte, bekam ein Fläschchen davon mit – auch die irischen Polizisten, die mal für eine kleine Erfrischung vorbeischauten –, und wer ehrlich war, ließ ein paar Dollar da. Ich wusste, dass es sich um ein zwielichtiges Geschäft handelte, also fing ich an, anderen Polizisten gegenüber ganz offen über Pas neuen Beruf und seine neuen Freunde zu sprechen. Es war möglicherweise mein erster Sieg über die organisierte Kriminalität – die Destille war schnell wieder verschwunden.

Mein Interesse an der Prävention von Verbrechen ergab sich aus der Atmosphäre, in der ich aufwuchs. In jenen Tagen war das Kino in der 9th Avenue mein Babysitter. Der Eintritt kostete nur einen Dime, also zehn Cent, deshalb setzten meine Eltern mich gern vor die Leinwand und holten mich erst Stunden später wieder ab. Die Filme waren alle gleich: Die Cowboys waren die Kerle mit den schicken Hüten, die Indianer waren die Kerle mit den Federn auf dem Kopf, und die Kerle mit den schicken Hüten gewannen immer und brachten die anderen um. Doch ein Film, ein James-Cagney-Film namens *Chicago – Engel mit schmutzigen Gesichtern*, ist mir mal bis heute in besonderer Erinnerung geblieben.

Cagney und sein Freund versuchen in jungen Jahren, eine Eisenbahn auszurauben. Der Freund entkommt und wird später Priester, während Cagney von der Polizei geschnappt und ins Jugendgefängnis gesteckt wird. Später steigt er zum Anführer einer Gang auf. Als er irgendwann einen Mord begeht und man ihn erwischt, sagt sein Freund, der Priester, zu ihm: »Alle Blicke sind auf dich gerichtet – sag ihnen, dass dein Weg der falsche ist.« Also bricht Cagney auf dem Weg zum elektrischen Stuhl in Tränen aus und fleht um Gnade. Er sagt: »Ich will nicht gehen, ich will nicht sterben.« Dann wird er hingerichtet. Der Rest seiner Gang liest in der Zeitung, wie Cagney angesichts des Todes weich wurde. Und der Zuschauer fragt sich: »Hat er nur geschauspielert, weil sein Freund es wollte, oder hat er seine Taten tatsächlich bereut?«

Diesen Film habe ich bis heute in Erinnerung. Ich überlegte: Warum wird einer von beiden ein gesetzestreuer Priester und der andere ein Schurke? Wie kam es dazu? Dieses Thema, diese Frage hat mich durch weite Teile meines Berufslebens begleitet. Die Leser dieses Buches sind vielleicht mit der Anlage-Umwelt-Debatte vertraut. Darin geht es um die Frage, in welchem Maß einzelne Aspekte des Verhaltens eines Menschen vererbt (genetisch veranlagt) oder erworben (durch die Umwelt vermittelt) sind. Meine Schlussfolgerung lautete, dass sich unsere Persönlichkeit aus einer Kombination vieler Dinge ergibt. Eine Rolle spielen unter anderem die Menschen in unserer Umgebung, die Chancen, die wir erhalten, sowie unser Selbstvertrauen und unsere Entschlossenheit.

Die Art und Weise, wie ich aufwuchs, brachte mir früh viel über das Thema Überleben bei. Aber ich lernte auch, dass es zwei Arten von Menschen gibt: Gauner und ehrliche Leute. Ich glaubte nicht, dass ich ein Gauner werden wollte; es war mir zu anstrengend. Von der Polizei gejagt zu werden, im Gefängnis zu landen, die ständigen Kämpfe – ich erkannte schon in sehr jungen Jahren, dass sich Verbrechen nicht auszahlt.

Auch heute gibt es noch viele Orte auf der Welt, an denen es so zugeht wie in meiner Kindheit; einige von euch sind möglicherweise dort aufgewachsen. Wo auch immer du herkommst, glaube daran, dass dir ein anderes Leben offensteht, wenn du es willst. Ich bin der lebende Beweis dafür, dass man nicht mit dem Strom schwimmen muss. In Amerika macht es, ebenso wie in vielen anderen Ländern, immer noch viel aus, ob man Geld hat oder nicht. Eine kürzlich erschienene Studie ergab, dass 77 Prozent der Bachelor-Absolventen in den USA aus Familien mit höherem Einkommen stammen. Es ist schwierig und ungerecht, sich gegen den Strom stemmen zu müssen, wenn das eigene Umfeld es erschwert, aber es ist nicht unmöglich. Es gab in der Geschichte immer wieder Menschen, die es versucht haben und Erfolg hatten. Wenn andere es geschafft haben, warum dann nicht auch du? Mehr noch: Selbst wenn es noch niemand geschafft hat, warum solltest du dann nicht der oder die Erste sein?

Meine Eltern waren nur zwei von zwölf Millionen Menschen, die über Ellis Island in die USA kamen. Sie haben Tausende Kilometer zurückgelegt, um an einen Ort zu gelangen, wo sie die Sprache nicht beherrschten, keine Freunde, kein Geld, keine Arbeit und kein Dach über dem Kopf hatten. Vielleicht ist es leichter, den Sprung zu wagen, wenn man nichts besitzt, aber so sollte es nicht sein. Das ist die erste und wichtigste Lektion: Wenn du einen großen Traum hast – sei es ein

Berufswechsel, die Gründung einer Wohltätigkeits-
organisation, fit zu werden, dich auf eine neue Stelle
zu bewerben oder einen Berg zu besteigen –, lass dich
nicht von der Tatsache abhalten, dass andere es nicht
geschafft haben oder dass du Hindernisse überwinden musst. Der Mensch ist zum Mond geflogen. Mit
dem nötigen Glauben und der richtigen Überzeugung
kannst du alles erreichen, was du willst.

KAPITEL 2

ÜBER BILDUNG

Lernen an jedem Ort

Als ich sechs war, versuchte mein Vater, mich in einer staatlichen Schule in Manhattan anzumelden, doch ich wurde abgewiesen, weil ich so klein war und kein Englisch, sondern nur Jiddisch sprach. Es hieß, ich solle im folgenden Jahr wiederkommen, doch im folgenden Jahr sagte man mir das Gleiche. Daher war ich acht Jahre alt, als ich endlich in die Schule kam. Es war eine Schule in Brooklyn, und ich kann mich nicht daran erinnern, dort wirklich etwas gelernt zu haben, außer anderen Kindern heimlich die Knöpfe vom Revers zu klauen.

Da ich spät angefangen hatte, übersprang ich ein paar Klassen. Ich wurde von der ersten in die dritte und von der dritten in die fünfte Klasse versetzt. Zu der Zeit lebte ich mal bei meiner Mutter, mal bei meinem Vater und wechselte daher auch immer wieder die Schule. Meine Eltern hatten sich nach zehn Jahren im unheiligen Bund der Verbitterung endlich scheiden lassen, neue Partner geheiratet und lebten danach glücklich bis an ihr Lebensende. Es ist wichtig, herauszufinden, wofür es sich zu kämpfen lohnt und wofür nicht, und wenn eine Verbesserung unmöglich scheint, ist es manchmal sinnvoller, sich einer Situation zu entziehen.

Meine Eltern zogen beide um, so oft es ging. In jener Zeit erließen Hausbesitzer mit leer stehenden Wohnungen neuen Mietern oft die erste Monatsmiete, also zogen meine Eltern ein und verschwanden schnell wieder, bevor der Monat um war. Das bedeutete, dass ich niemals lange genug auf einer Schule war, um Freundschaften zu schließen. Ich las von Herzen gern und machte regen Gebrauch von meinem Bibliotheksausweis. Meine geringe Körpergröße verhinderte, dass ich mich populären Sportarten wie Basketball, Football oder Baseball anschloss. Zu den Pfadfindern durfte ich nicht, weil meine Mutter sie für eine militärische Organisation hielt. So blieb ich in meiner Jugend ein ziemlicher Einzelgänger. Freunde sind wichtig, aber es ist gut, auch mit sich selbst als Gesellschaft zurechtzukommen. Ich vermute, das trug dazu bei, dass ich mich selbst sehr gut kannte und auf mein eigenes Urteil vertraute.

Gleich nach der Scheidung unserer Eltern zogen meine Schwester und ich vorübergehend zu einer Tante in Brooklyn. Sie fuhr mit mir zum nahe gelegenen Strand von Coney Island, und ich weiß noch, wie ich kreischte, wenn sie mich unter Wasser drückte und die Wellen über meinem Kopf brachen. Eines Sonntags lagen dort am Strand so viele Decken, dass kaum noch Sand zu sehen war. Irgendwann sagte meine Tante, sie sei gleich zurück, und ließ mich allein auf unserer Decke zurück. Ich wartete ziemlich lange auf sie – vielleicht vier Minuten –, und fing dann an, hektisch nach ihr zu suchen, bis mich ein Polizist ansprach. Ich erklärte ihm in meiner typischen aufrichtigen Art, meine sei Tante verloren gegangen. Der Mann nahm mich mit auf die Wache und setzte mir eine Polizeimütze auf, während aus den Lautsprechern dröhnte: »Tante Fani, Tante Fani, der kleine Benny wartet auf Sie. Fani, bitten kommen Sie.« Als meine Tante auftauchte, sprang sie bei meinem Anblick nicht vor Freude in die Luft, sondern versetzte mir eine Ohrfeige. Manche Menschen sind wirklich undankbar.

Auch im Unterricht gab ich gern den Alleinunterhalter. Als ich neun oder zehn Jahre alt war, lernten wir bei einer Wortschatzübung in einer Schule in der Bronx das Wort *harass*, belästigen. Ich sprach es *HAAR-as* aus, mit Betonung auf der ersten Silbe. Der Lehrer korrigierte mich: »Nein, *har-ASS*.« Ich sagte: »Her ass?« (Ihr Hintern?), und fiel vor Lachen fast vom Stuhl.

Als ich in die achte Klasse kam, bot man mir eine Rolle im Theaterstück zur Abschlussfeier an. In dem Stück ging es um einen mächtigen, aber mürrischen König, der ständig über sein Leid klagt. Die Ärzte kommen zu dem Schluss, dass das einzige Gegenmittel darin bestehe, das Hemd eines glücklichen Menschen zu tragen, also durchkämmen die Wachen des Königs das ganze Reich, finden aber niemanden, der keine traurige Geschichte zu erzählen hat. Als sie über eine Wiese laufen, hören sie zufällig den heiteren Klang einer Flöte, gespielt von einem jungen Hirten – mir. Auf die Frage, ob er glücklich sei, antwortet der Junge verwirrt, ihm bereite jeder Tag Freude. »Schnell!«, rufen die Wachen. »Du musst uns dein Hemd geben, damit wir das Leben unseres Herrschers retten können.« Darauf sagt der Junge: »Aber ich besitze doch gar kein Hemd.«

Als die besorgten Wachen, die den Zorn des Königs fürchten, berichten, dass der einzige glückliche Mensch, den sie im Königreich finden konnten, gar kein Hemd besitzt, brüllt der Monarch vor Lachen.

Ich habe mich seitdem immer bemüht, der Rolle des fröhlichen Hirten gerecht zu werden. Glück ist nicht unbedingt von materiellem Besitz abhängig. Das sieht man an meinem Beispiel – ich habe in meinem Leben wahre Albträume miterlebt, aber das hat mich nie davon abgehalten, optimistisch und dankbar zu sein.

Langfristig glücklich wird man durch Erfüllung, und die kann für jeden Menschen anders aussehen. Manche brauchen ein großes Vorhaben im Leben, etwa die Welt zu retten. Anderen hilft das Versprechen, netter zu den Menschen in ihrer Umgebung zu sein. Für wieder andere ist es das Beste, sich kleine Ziele zu setzen, etwa einen Spaziergang, das Erledigen der Hausaufgaben oder das Abholen der Kleidung aus der Reinigung – Dinge, die sich jeden Tag abhaken lassen.

Das größte Hindernis auf dem Weg zur Erfüllung ist der Vergleich. Pferde tragen Scheuklappen, damit sie nicht sehen, was um sie herum passiert; so bleiben sie ruhig. Manchmal benötigen auch wir solche Scheuklappen. Lass dich durch die Leistungen anderer nicht davon abhalten, dich über deine eigenen zu freuen, und denke immer daran, dass das Glück anderer deines nicht auslöscht.

Sich jeden Tag über irgendetwas zu freuen, hält uns am Leben. Das sorgt dafür, dass das Feuer in unserem Inneren niemals verlöscht. Wer sich einredet, er wäre erst glücklich, wenn er den Traumjob, das Traumhaus oder den Traumpartner gefunden habe – alles mystische Ziele für eine weit entfernte Zukunft –, wird wohl eher unglücklich. Wer Lebensfreude sucht, muss in seiner Umgebung danach Ausschau halten. Das Glück ist uns nichts schuldig. Es ist keine Person und keine Institution, auf die man seinen Zorn richten kann. Es ist eine Emotion, und für unsere Emotionen sind wir selbst zuständig. Entscheide selbst, was dich glücklich macht: das Blau des Himmels, die Freuden eines reichhaltigen Mittagessens, gemütlich im Bett zu liegen, während draußen ein Unwetter tobt, eine besonders gute Tasse Kaffee ... Man muss nach dem Glück Ausschau halten, wenn man es finden und erleben will.

❈

Ich hatte immer schon ein hervorragendes Gedächtnis. Wenn ich etwas einmal gehört hatte, vergaß ich es nicht wieder. Eines Tages, in einer Zeit, als ich bei meiner Mutter und meinem Stiefvater in der Bronx lebte, wies mich meine Klassenlehrerin in der achten Klasse, Mrs. Connelly, an, gemeinsam mit meinen Eltern beim Direktor vorstellig zu werden. Ich dachte: »Was habe ich denn jetzt schon wieder angestellt?« Mrs. Connelly verkündete meiner Mutter, dass ich ein ungewöhnliches Kind sei, was diese wohl selbst schon festgestellt hatte. Doch zu ihrer Überraschung schlug die Lehrerin vor, mich auf eine spezielle Schule zu schicken, und zwar nicht für straffällige Jugendliche, sondern für »begabte Jungen«. Weder meine Mutter noch ich wussten, wovon die Rede war – wir waren es nicht gewöhnt, Geschenke zu bekommen.

Mrs. Connelly erklärte, dass es in New York eine besondere Highschool namens Townsend Harris gebe, eine landesweit einmalige Einrichtung, deren Besuch automatisch zu einem kostenlosen Studium am City College der Stadt New York befähigte – wenn man denn alle Kurse bestand. Wir kannten niemanden, der studiert hatte; für Einwanderer wie uns galt der Schulabschluss als das höchste mögliche Bildungsziel. Plötzlich war mein Interesse geweckt. Diese geöffnete Tür bot mir ganz neue Möglichkeiten.

Die Lehrer an der Townsend-Harris-Highschool waren Universitätsdozenten, die ihre Kurse auf College-Studenten zuschnitten. Dort machte ich eine sehr wichtige Erfahrung: Ich musste lernen. Das war vorher nie der Fall gewesen. Prompt fiel ich in Französisch und Algebra durch. Mein Interesse für die französische Sprache erwachte erst, als ich mich in eine wunderschöne Französin namens Danielle Darrieux verliebte. Sie war eine Schauspielerin im Stile Ingrid Bergmans, deren Filme, in denen sie von Charles Boyer umworben wurde, im nahe gelegenen Programmkino liefen. Ich schaute mit einem Auge auf sie und las mit dem anderen die englischen Untertitel. Das war eine tolle Lernmethode, und obwohl ich hinterher klang wie Charles Boyer, machte es die Ausführungen meines Französischlehrers über die Schlacht an der Marne erträglicher. Später wurde ich ein geschätzter Dolmetscher, und nach dem Krieg übertrug ich auf einer Rundreise durch die USA sogar die Worte von René Cassin, dem aus Frankreich stammenden, mit dem Friedensnobelpreis ausgezeichneten Verfasser der Allgemeinen Erklärung der Menschenrechte. All das, weil ich mich in ein französisches Mädchen verliebt hatte. Aber sie war wirklich schön.

Das ist eine Lektion für uns alle: Man kann lernen, wo immer man sich auch befindet. Wenn du einen Film schaust, ein Buch liest, durch eine Straße läufst, ein Gespräch führst – sei nicht passiv. Alles, was du tust, enthält die Gelegenheit, etwas Neues zu lernen, und du weißt nie, wann sich dieses Wissen als nützlich erweisen wird.

�֍

Da mir in der Highschool das Geld fehlte, um Mittagessen zu kaufen, ersann ich eine Methode, um mir die nötigen Mittel zu beschaffen: Ich besorgte mir eine Lochkarte mit hundert Löchern, in die ich jeweils einen aufgerollten Zettel steckte – entweder einen Gewinn oder eine Niete. Für einen Penny konnten die anderen Kinder einen Zettel herausziehen. Die Gewinne betrugen zwischen einem und zehn Cent. Es war ein

Geschäftsmodell, auf das meine Bande aus Hell's Kitchen stolz gewesen wäre. Doch der Hausmeister der Schule beschwerte sich über die Papierfetzen, die vor den Schließfächern auf dem Boden lagen. Ich wurde ins Büro des verantwortlichen Schulmitarbeiters beordert, ein Unsympath namens Mr. Chastney, der verlangte, mit meinem Vater zu sprechen, wenn ich nicht von der Schule verwiesen werden wollte. Ich hatte meinen Vater seit einem Jahr nicht mehr gesehen, aber ich lief zum Telefon und flehte ihn an, mich zu retten, da mir sonst der Schulverweis drohe.

»Was bedeutet Verweis?«, fragte er.

Ich erklärte ihm, es sei ein bisschen, wie erschossen zu werden.

»Warum?«

Ich sagte, ich hätte versucht, mir Geld für das Mittagessen zu verdienen.

»Und dafür wollen sie dich erschießen?«

Also kam mein Vater in die Schule, wo er sich einen Vortrag zum Thema Glücksspiel anhören durfte, und darüber, wie Väter ihre Kinder zu erziehen hätten, und dass ich eine letzte Chance erhalten würde, und Gott segne Amerika! Mein verwirrter Vater befolgte meine Anweisungen, die da lauteten, nichts zu sagen und einfach zu nicken.

Aber Mr. Chastney, der strenge Zuchtmeister, behielt mich auch danach im Auge. Er rief mich später erneut zu sich, als ihm gemeldet wurde, dass ich dem Sportunterricht fernbliebe. Ich erklärte ihm, ich sei ein hervorragender Turner und könne das Tau schneller hinaufklettern als ein Affe. Auch für die Position ganz oben auf der Menschenpyramide sei ich sehr gefragt. »Jeder Sportlehrer kennt mich«, sagte ich. »Ich besuche den Unterricht nicht, weil er zufällig in meine Mittagspause fällt.«

Doch der Bürokrat stellte mir ein Ultimatum: »Wenn du nicht pünktlich zum Unterricht erscheinst, wirst du nicht zum Studium am City College zugelassen.«

Das fand ich ziemlich hart. Da ich nicht der Typ war, der so etwas einfach hinnahm, ging ich am nächsten Tag zum City College und bat darum, den Zulassungsverantwortlichen zu sprechen. Es handelte sich um einen fröhlichen Iren. Er fragte: »Wie heißt du, Großer?« Ich antwortete, mein Name sei Ferencz. Er legte mir den Arm um die Schultern und meinte: »In Ordnung, Terrence, was kann ich für dich tun?« Ich fragte, ob ich als Townsend-Harris-Schüler auch dann am City College zugelassen würde, wenn ich den Sportkurs nicht bestand. Er sagte: »Natürlich, Terrence, mein Junge, wir würden uns freuen, dich hier begrüßen zu dürfen.« Ich bedankte mich und lief davon, bevor er merkte, dass ich kein Ire war.

Ich kehrte zu Mr. Chastney zurück und sagte: »Sir, Sie haben mich angelogen!« Er war außer sich und erklärte mir, jetzt könne ich mir die Abschlussurkunde abschminken. Und so kam es, dass ich ohne Abschlussurkunde von der Highschool am City College angenommen wurde. Die Lehre hier müsste vermutlich lauten: Gefährde nicht deine eigene Zukunft, indem du ausgerechnet die Leute gegen dich aufbringst, die darüber entscheiden, doch ich sage: Nur weil eine Autoritätsperson etwas als Wahrheit darstellt, muss man das nicht so hinnehmen. Die größten Genies der Geschichte wurden genau deshalb dazu, weil sie die Genies infrage stellten, die vor ihnen da gewesen waren. Manche Leute meinen, man solle unkonventionell denken, aber das ist meiner Meinung nach ziemlich viel verlangt. Der Schlüssel besteht darin, einfach zu denken – Punkt.

❊

Das City College – das »Harvard des armen Mannes« – stand allen Schulabsolventen offen. Viele der Studenten stammten aus Einwandererfamilien. Sie betrachteten das College als eine Gelegenheit, den amerikanischen Traum zu leben, nicht als Ort für Vergnügungen und Spiele – es gab nicht einmal eine Footballmannschaft.

Meine Hauptfächer waren Soziologie und Sozialwissenschaften. Die Erfahrungen in Hell's Kitchen trieben mich dazu an, einen Beruf zu ergreifen, in dem ich Jugendliche vor einer kriminellen Laufbahn bewahren konnte. Ich war ein guter Student, aber nur, wenn mich das Thema interessierte. In Biologie weigerte ich mich, einen lebenden Frosch zu sezieren, also musste ich stattdessen Botanik belegen, was mir vollkommen nutzlos erschien. Ich wäre fast durchgefallen. Meiner Meinung nach war es im Grunde Lateinunterricht.

Für den Philosophiekurs musste ich Aldous Huxleys *Ziele und Wege* lesen. Durch diese Essays gelangte ich zu dem Schluss, dass rechtmäßige Ziele nur durch rechtmäßige Mittel erreicht werden dürfen – was mir die Bestnote einbrachte.

In den Sozialwissenschaftskursen bekam ich durchgängig hervorragende Noten. Als es in Kriminologie darum ging, eine Lösung für das Problem der jugendlichen Schulschwänzer zu finden, wusste ich intuitiv die richtige Antwort: Die Kinder weigerten sich, zur Schule zu gehen, weil die Lehrer und der Unterricht sie langweilten. Meine Leistungen verschafften mir einen unbezahlten Sommerjob als Berater in der Erziehungsanstalt *Children's Village* in Dobbs Ferry. Es war eine klassische, modern gestaltete Einrichtung. Jeder kleine Gauner, der schon den Schulweg nicht schaffte, ohne irgendeine Straftat zu begehen, landete dort. Ich kümmerte mich um die Kinder, von denen die meisten einen ähnlichen Hintergrund hatten wie ich – raues Viertel, geschiedene Eltern –, und der Job lieferte mir viele Hinweise für mein Vorhaben, herauszufinden, warum manche Menschen kriminell werden und andere nicht (das James-Cagney-Dilemma). Außerdem konnte ich so im Sommer aus der heißen Stadt entkommen.

In der Einrichtung half ich unter anderem dabei, ein Schwimmbecken zu bauen, und brachte den Kindern das Schwimmen bei. Sie befestigten ein großes Brett an einem Ast, der über das Becken hinausragte, und sprangen von dort ins Wasser, um mir zu zeigen, wie mutig sie waren, auch wenn sie nicht schwimmen konnten. Oder sie versuchten, ein Kind, das sie nicht mochten, zu ertränken, und ich musste ins Wasser springen und ihnen mit den Fingern in die Augen stechen, damit sie den betreffenden Jungen losließen.

Die Kinder dort hatten alle möglichen Verbrechen begangen, von Raub bis hin zu Mord. Jedes Mal, wenn ich zu Hause in der Bronx gewesen war, brachte ich auf dem Rückweg eine Tüte Süßigkeiten mit, die ich unter meinem Kopfkissen verstaute, um sie zu gegebener Zeit an alle zu verteilen. Doch bevor ich dazu kam, war die Tüte verschwunden. Also beschloss ich, dem Dieb eine Falle zu stellen. Ich brachte eine Dose mit starken Minzbonbons mit, und der Köder war schnell geschluckt. Als ich die Kinder in einer Reihe antanzen ließ und an ihren Mündern roch, konnte ich die Minze sofort ausmachen. Daraufhin sagte ich zu den anderen Kindern: »Ich überlasse es euch, die gerechte Strafe zu finden«, und verließ das Zimmer. Sie verpassten dem Schuldigen eine Tracht Prügel, und damit hatten die Diebstähle ein Ende. Frieden und Gerechtigkeit hängen eben zusammen.

✳

Vor Kurzem erhielt ich ein sehr interessantes Dokument. Es war eine Abschlussurkunde meiner alten Schule, der Townsend-Harris-Highschool – mehr als achtzig Jahre nach meinem Abgang.

Die Urkunde wurde von einem Brief des Direktors begleitet. Darin hieß es:

Lieber Mr. Ferencz,

*wir haben heute den 15. Oktober 2019. Nachdem
wir uns im Auftrag Ihres Sohnes Donald Ihre High-
school-Unterlagen angesehen haben, kommt mir die
große Ehre zu, Ihnen die Abschlussurkunde von der
Townsend-Harris-Highschool zu verleihen. Sie belegt,
dass Sie die Highschool erfolgreich abgeschlossen
und alle erforderlichen Bedingungen erfüllt haben.
Ich gratuliere Ihnen zu Ihrer Leistung und wünsche
Ihnen für die Zukunft alles Gute.*

❈

Ich schickte einen Brief zurück, in dem ich schrieb:

*Es hat mir viel Vergnügen bereitet und mich sehr zum
Lachen gebracht, die Abschlussurkunde von Ihnen
zu erhalten. Auf dieses Dokument habe ich zweiund-
achtzig Jahre lang geduldig gewartet.*
*Es wird mir eine große Freude sein, die Urkunde bei
mir an der Wand aufzuhängen, gleich unter meiner
Abschlussurkunde von der Harvard Law School aus
dem Jahr 1943. Zur Erklärung sei gesagt, dass ich ein
langsamer Lerner bin.*

❈

Drei Lehren für das Leben: Geduld ist eine Tugend, gut
Ding will Weile haben, und man sollte trotz Frust und
Ärger lachen, wann man kann.

Ohne das Studium wäre mein Leben natürlich ganz anders verlaufen. Ich wäre Hausmeister geworden wie mein Vater, oder zu einem der Kinder in der Erziehungsanstalt. Das City College war eine Universität für arme Kinder. Es war eine Chance auf ein besseres Leben. Dort verstand ich den Wert von Bildung. Wir können – und sollten – alle lernen, wo immer wir gerade sind, aber die Tore, die uns Bildungseinrichtungen öffnen, sind nicht zu unterschätzen. Ich war fleißig und nicht dumm, aber ich hatte auch großes Glück, dass es die Townsend-Harris-Highschool und das City College gab. Eine Lehre lautet daher, das eigene Glück und die Privilegien zu schätzen wissen und sich zugleich vor Augen zu führen, dass nicht jeder darüber verfügt. Wie entscheidest du dich, damit umzugehen?

KAPITEL 3

ÜBER UMSTÄNDE

Wie man sich am eigenen Schopf aus dem Sumpf zieht

Ein Onkel von mir sagte irgendwann einmal, als es um mein Verhalten ging: »Benny wird entweder ein guter Gauner oder ein guter Anwalt.« Da ich, wie schon gesagt, bereits wusste, dass ich kein Gauner werden wollte, blieb nur der Anwalt übrig.

Ich hatte keine Ahnung, wo man am besten Jura studieren konnte, aber ich wollte dorthin, aus dem einfachen Grund, dass ich mit meiner Körpergröße von nur knapp über einem Meter fünfzig oft von Leuten schikaniert wurde, die mich überragten. Ich glaubte, dass ich es nur dann mit ihnen aufnehmen könnte, wenn ich besser wäre als sie. Schwächen können zu Stärken werden, wenn man sie als Antrieb nutzt. Beschwere dich nicht über Widrigkeiten; das wird das Problem nicht lösen und ist daher Zeitverschwendung, und außerdem lernt man unter schwierigen Umständen mehr, als wenn immer alles glatt läuft.

Ich hätte ein Jurastudium in Brooklyn nicht von einem in China unterscheiden können. Also erkundigte ich mich und erfuhr, dass der beste Studiengang in Harvard angeboten wurde. Dort bewarb ich mich dann und wurde angenommen, aus Gründen, die mir bis heute nicht klar sind. Ich war damals ungefähr zwanzig Jahre alt und hatte keine Ahnung, was mich erwartete. Bis heute habe ich in Erinnerung, was der Dekan in der Begrüßungsrede sagte: »Schauen Sie nach rechts, schauen Sie nach links. Am Ende des Semesters wird einer von Ihnen dreien nicht mehr hier sein.« Anscheinend gab es eine Probezeit, und am Ende flog das untere Drittel automatisch raus. Wir erstarrten. Die Möglichkeit, dass ich vielleicht nicht zurückkommen dürfte, machte mir große Angst, aber ich schaffte es, sogar mit ziemlich guten Noten. So gut, dass ich nach meiner ersten Prüfung im Fach Strafrecht ein Vollstipendium für die verbleibende Studienzeit erhielt.

Das Erste, was ich in Harvard lernte, war die Bedeutung von Angst. Der Professor für Sachenrecht, Edward Warren, Spitzname »Bull« Warren, schien in seinen Lehrmethoden von der Spanischen Inquisition inspiriert worden zu sein. Er brüllte den bibbernden Studenten mitten in der Vorlesung ihre Noten zu. Eines Tages rief er einen armen Kommilitonen nach vorn, gab ihm zehn Cent und forderte ihn auf, seine Eltern anzurufen und ihnen mitzuteilen, dass sie ihr Geld verschwendeten, weil er niemals Jurist werden würde. Aber Angst wirkt immer nur so negativ, wie man es zulässt; wir verspüren sie, weil sie uns dabei hilft, am Leben zu bleiben oder – in heutigen Arbeits- und Ausbildungssituationen – das Leben zu erreichen, das wir wollen, beziehungsweise das zu bewahren, an das wir uns gewöhnt haben. Wenn man Angst hat, heißt das, man hat etwas zu verlieren, und das ist etwas Gutes. Es bedeutet, dass man etwas hat, für das man kämpfen kann. Wenn man sich darauf konzentriert, kann man die Angst in Produktivität, Effizienz, Mut oder Schnelligkeit überführen – was auch immer die Situation erfordert.

Warren lehrte mich den Unterschied zwischen beweglichen und unbeweglichen Gütern sowie niemals zu spät zu kommen. Pünktlichkeit – oder besser noch: Überpünktlichkeit – ist ein Erfolg, den man ohne fremde Hilfe ganz leicht erreichen kann. Das verschafft uns Selbstvertrauen für das, was folgt. Außerdem vermeidet man es so, andere Leute gegen sich aufzubringen, weil man ihre Zeit nicht verschwendet. Trainiere dir an, pünktlich zu sein – auch ein leichter Sieg ist ein Sieg.

Der Professor für Vertragsrecht, Lon Fuller, brachte mir bei, dass es von unschätzbarem Wert ist, die Sichtweise des Gegenübers nachvollziehen zu können. Als Anwalt kann man auf diese Weise Argumentationen vorausahnen und sie entkräften, aber es gilt auch für das Alltagsleben. Nur wenn du die Denkweise des anderen verstehst, kannst du wirklich mit ihm ins Gespräch kommen und ihn vielleicht umstimmen. Wer mit jemandem im Clinch liegt, sollte sich bemühen, dessen Sichtweise nachzuvollziehen: Wie beeinflussen der Hintergrund, die aktuellen Umstände, der Freundeskreis, die Persönlichkeit seine Ansichten? Selbst wenn das Verständnis des gegnerischen Standpunkts nicht dafür sorgt, dass der andere auch deine Sichtweise versteht, kann es doch den Zorn lindern, und das allein ist schon eine gute Sache. Denn Zorn ist auf lange Sicht keine produktive Emotion für Menschen.

Das Gegenteil von Hass ist der Versuch, die Ansichten anderer, mit denen man nicht übereinstimmt, durch Mitgefühl, Kompromisse und Mut zu ändern. Am besten fängt man ganz früh damit an. Wenn der kleine Johnny mit dem kleinen Tommy Baseball spielt und blöd findet, was Tommy tut, bringt man ihm bei, Tommy nicht den Schläger über den Kopf zu ziehen, sondern mit ihm zu reden und möglichst zu einer Einigung zu kommen.

Der Ethikprofessor, Zechariah Chafee, lehrte mich Toleranz und die Notwendigkeit, alle Menschen gerecht zu behandeln. Das bezieht sich nicht nur auf die Menschen, die so aussehen und klingen wie man selbst, die Landsleute und Nachbarn, und auch nicht nur auf gesetzestreue Bürger – es bezieht sich auf alle. Deine Gene stimmen zu 99 Prozent mit denen aller Menschen auf Erden überein, egal, wie diese aussehen, woher sie kommen, woher ihre Urururgroßeltern kamen, welche Sprache sie sprechen, woran sie glauben, ob sie kriminell, böse oder Psychopathen sind. Es kann nicht eine Regel für alle anderen Menschen und eine zweite für dich oder für mich geben. Das gilt unter allen Umständen, aber insbesondere, wenn es um Gerechtigkeit geht, das oberste Ziel unserer Zivilisation, das dazu dient, uns alle zu beschützen. Es wirkt merkwürdig, das im einundzwanzigsten Jahrhundert betonen zu müssen, aber es ist nötig. Im Alltag bezieht sich diese Regel auch auf den Nachbarn, den du nicht magst, die Cousine, mit der du dich zerstritten hast, und die Menschen, die dir bei der Arbeit unterstellt sind. »Gerecht« bedeutet, so eine Wörterbuch-Definition, »moralisch richtig und angemessen«. Frage dich, ob du dich allen Menschen gegenüber, mit denen oder über die du redest, so verhältst. Und wenn das nicht der Fall ist, ändere dein Verhalten. Auch böse Menschen können ein herausragendes Leben führen, doch meiner bescheidenen Meinung nach ist es nicht das Gleiche.

Der gelehrteste unter meinen Dozenten, Roscoe Pound (der ausgerechnet als Botaniker angefangen hatte!), führte mich in die Rechtslehre und die historischen Wurzeln der unterschiedlichen juristischen Schulen ein. Das ist ein akademischer Bereich, mit dem sich mehrere Bände füllen ließen – was auch geschehen ist –, aber du kannst beruhigt sein: Ich werde nicht weiter darauf eingehen.

Diese Dozenten schenkten mir den Glauben daran, dass ich es wirklich mit den Besten der Besten aufnehmen könnte, wenn ich wollte. Denn eine der wichtigsten Lehren, die Harvard für mich bereithielt, war die Erkenntnis, dass es verschiedene Klassen von Menschen gibt.

Viele der Studenten stammten aus reichen Familien. Sie standen jedes Mal auf, wenn sie eine Frage stellten, trugen Socken mit Argyle-Muster und braune Slippers, waren in Studentenverbindungen und tranken Cocktails, was mir alles ziemlich seltsam vorkam. Für mich bedeuteten die Jahre in Harvard harte Arbeit und zugleich eine Chance. Während die reichen Söhne am Wochenende mit Stechkähnen auf dem Charles River unterwegs waren, lebte ich in einer Dachkammer, die ich mir mit einem anderen jüdischen Jungen vom City College teilte, weil ich mir die Wochenmiete von acht Dollar allein nicht leisten konnte.

In dieser Dachkammer stand ein kleiner Schreibtisch mit einer einsamen Glühbirne darüber. Wenn ich aus dem Fenster blickte, konnte ich sehen, wie sich unten ein paar von den anderen Harvard-Studenten vergnügten, darunter einer, der stets sein schickes rotes Cabrio im Hof des Nachbarhauses polierte. Ich überlegte: »Ob er wohl weiß, welch ein Glück er hat?« Wenn ich an Feiertagen zu meiner Familie fahren wollte, musste ich per Anhalter reisen.

Aber ich hatte nichts mit diesen Typen zu tun, und sie wollten auch nichts mit mir zu tun haben. Ich beteiligte mich nie an gesellschaftlichen Aktivitäten wie dem Besuch von Variété-Shows in der Bostoner Innenstadt oder Dates mit Mädchen. Ich sagte zu mir: »Ben, damit verschwendest du nur deine Zeit.« Ich konzentrierte mich ganz darauf, zu lernen oder genug Geld für das Essen aufzutreiben. Mein erklärtes Ziel bestand darin, so gut abzuschneiden wie möglich.

Warum? Weil ich kein Geld hatte. Meine Eltern hatten noch nie ein Buch gelesen. Wir kannten niemanden, der aufs College gegangen war; das war eine fremde Welt für uns. Ich wusste, dass ich härter arbeiten musste als andere, um an mein Ziel zu gelangen, weil ich keinen reichen Vater hatte, der mir aus der Patsche half oder mir ein schickes Auto kaufte. Irgendwie war ich im besten juristischen Studiengang der Welt gelandet und hatte damit die Chance, mich an meinen eigenen Haaren aus dem Sumpf zu ziehen. Ich dachte: »Wenn du dich da nicht richtig reinhängst, wirst du es ewig bereuen.« Ich wollte durch mein Wissen glänzen, nicht durch meinen Wohlstand. Das trieb mich an.

Manche Menschen brauchen die Gewissheit, ein Sicherheitsnetz zu haben, falls sie scheitern. Das ist verständlich. Das Wissen, dass man, sollte man gefeuert werden, im schlimmsten Fall die Möglichkeit hat, auf Ersparnisse zurückzugreifen oder wieder zu den Eltern zu ziehen, kann dazu führen, dass man weniger Angst davor hat, Risiken einzugehen und Fehler zu machen. Doch als Mensch, der in den ersten Jahrzehnten seines Lebens nicht über ein solches Sicherheitsnetz verfügte, weiß ich auch, was für Vorteile es hat, sich vorzustellen, dieses Netz wäre nicht da. Wenn man sich an einem Berghang befindet und unter einem ragen spitze Felsen auf, während oben der Gipfel der Welt lockt, beißt man die Zähne zusammen und findet den Mut und die Kraft, hinaufzusteigen. Sicherheitsnetze können träge machen. Das, was man will, auch zu brauchen, verstärkt den Hunger, den Antrieb, die Kreativität und die Leidenschaft.

Die Geldsorgen begleiteten mich mein ganzes Studium über. Ich hatte mir beim Abschied fünfhundert Dollar von meiner Mutter geliehen, doch die gingen für die Miete drauf. Sonntags bot ein Hotel gegenüber der juristischen Fakultät ein Frühstücksbuffet an, wo ich mir für fünfzig Cent den Magen so vollschlagen konnte, dass es für ein paar Tage reichte. Um auch den Rest der Woche über nicht zu verhungern, nahm ich einen Job als Abräumer in der Mensa der nahe gelegenen theologischen Fakultät an. Als Gegenleistung für meine Arbeit durfte ich dort so viel von den Resten essen, wie ich wollte.

Dafür war ich so dankbar, dass ich der Fakultät viele Jahre später, etwa 2016, einen Besuch abstattete und mich mit dem aktuellen Dekan traf. Ich beschäftigte mich zu der Zeit mit dem Weltfrieden, und wir unterhielten uns lange über dieses Thema und verstanden uns gut. Dann sagte ich: »Schauen Sie, ich würde gern meine Mittagessen von damals bezahlen.« Ich überreichte ihm einen kleinen Umschlag und bat ihn, die Sache für sich zu behalten. In dem Umschlag war ein Scheck über fünfzigtausend Dollar. Ich erzähle das jetzt aus zwei Gründen: Erstens ist es eine schöne Geschichte, oder? Und zweitens bin ich ein großer Verfechter des Zurückgebens. Wenn uns jemand hilft, sollten wir uns, wenn möglich, revanchieren – diese Verpflichtung verjährt nicht, und es muss auch gar nicht in Form von Geld sein. Dankbarkeit erfüllt uns auf eine ganz besondere Weise.

Während meiner drei Jahre in Harvard war die Jura-Bibliothek mein Paradies. Dort fand ich wunderbare Bücher und studierte die Weisheit alles überragender Richter wie Benjamin Nathan Cardozo, Billings Learned Hand und Oliver Wendell Holmes. Jahre später hängte ich in meinem ersten Anwaltsbüro Porträts von den dreien an der Wand über meinem Schreibtisch auf. Als ein Richter bei einem Besuch anmerkte, dass die drei Giganten auf mich hinabschauten, antwortete ich: »Im Gegenteil, ich schaue zu ihnen auf.« Lass dich nie von großen Männern und Frauen einschüchtern, lass dich von ihnen inspirieren.

❋

Ich hatte auch noch andere Nebenjobs in Harvard. Unter anderem gab ich Nachhilfe für Kommilitonen. Dann hörte ich von einem staatlichen Programm, das Studenten ein Stipendium bezahlte, wenn sie für einen Professor arbeiteten. Zunächst wandte ich mich an Pound, doch er lehnte ab. Also ging ich zum nächsten Professor, Sheldon Glueck. Er war der einzige Dozent im Bereich Kriminologie, dem Feld, das ich anstrebte. Seine erste Frage lautete: »Wie viel kostet mich das?« »Nichts«, sagte ich, und er willigte ein.

Also wurde ich sein Assistent. Und da Glueck gerade mit dem Gedanken spielte, ein Buch über die Angriffe und Gräueltaten der Deutschen zu schreiben, bestand meine erste Aufgabe darin, jedes Buch über Kriegsverbrechen zusammenzufassen, das sich in der Bibliothek von Harvard fand – eine Aufgabe, die vermutlich große Auswirkungen auf den weiteren Verlauf meines Lebens hatte. Als das Militär nach dem Krieg bei Glueck anklopfte, weil er das Verteidigungsministerium beriet, empfahl er mich, und ich bekam den Job.

Ich hätte nicht damit gerechnet, das Jurastudium zu beenden. Als der Krieg ausbrach, schrieb der Dekan, James Landis, an die Einberufungsbehörde, um eine Rückstellung für mich zu erwirken, damit ich das Semester abschließen konnte. Er sagte, ich sei ungewöhnlich begabt. Als das Semester vorbei war, schickte ich meine Bücher und Unterlagen nach Hause, weil ich jeden Tag damit rechnete, einberufen zu werden. Doch der Bescheid blieb aus. Meine Mutter sagte: »Ben, geh zurück an die Uni. Wenn sie dich brauchen, melden sie sich bei dir.«

In den letzten zwei Jahren des Jurastudiums litten meine Leistungen unter der ständigen Erwartung, plötzlich aufbrechen zu müssen. Meine Notizbücher waren nun voller Kritzeleien, weil ich nicht damit rechnete, das Studium abzuschließen. Ich schwänzte den Kurs über das Steuerwesen, der eigentlich verpflichtend war. Ich weigerte mich, Bücher zu kaufen, die dick und teuer waren. Natürlich fiel ich durch die Prüfung. Trotzdem schaffte ich es, dank meiner juristischen Kenntnisse sehr reich zu werden. Ich habe seither Millionen Dollar an Harvard und an das Holocaust Memorial Museum gespendet. Ich hoffe, das zeigt, was man erreichen kann, wenn man sich an seinen eigenen Haaren aus dem Sumpf zieht.

KAPITEL 4

ÜBER DAS LEBEN

Der Weg ist immer steinig und führt niemals geradeaus

Ich saß gerade an meinem Schreibtisch in der Dachkammer, als ich im Radio hörte, dass Japan die Vereinigten Staaten in Pearl Harbor angegriffen hatte. Hitler hatte bereits weite Teile Europas erobert, und jetzt hatten er und seine Verbündeten auch Amerika den Krieg erklärt. Jeder Student, den ich kannte, wollte sich sofort freiwillig zum Kriegsdienst melden.

Ich gab mir sehr große Mühe, in eine Abteilung der Streitkräfte zu gelangen, die mir zusagte. Die Navy stand nicht zur Debatte, weil ich wenig Lust hatte, auf hoher See zu ertrinken; und ich war mir sicher, dass die Marines mich wegen meiner geringen Körpergröße ablehnen würden. Also schrieb ich an das Kriegsministerium, dass wohl ein Einsatz im Nachrichtendienst am sinnvollsten sei, unter anderem aufgrund meiner Sprachkenntnisse in Französisch, Ungarisch, Jiddisch, Deutsch und Spanisch. Ich glaubte, wenn sie mich in Frankreich hinter die deutschen Linien brachten und mir zeigten, wie man mit Dynamit umging, könnte ich dort Züge und Kommunikationsverbindungen in die Luft jagen. Ich hatte mir sogar schon überlegt, wie ich es machen würde: als radelnde Nonne verkleidet. Ich würde mich glatt rasieren und ein entsprechendes Gewand tragen. Doch dann hieß es, dass man, um zum Nachrichtendienst zu gehen, seit mindestens fünfzehn Jahren US-Bürger sein musste – und bei mir waren es nur vierzehn (seit mein Vater seine Papiere beantragt hatte). Als Nächstes versuchte ich es bei der Air Force, weil man bei einem Absturz im Normalfall zumindest sofort tot war, aber dort hieß es, man müsse mindestens 1,62 Meter groß sein, um an die Pedale zu kommen; also war ich raus. Dann bewarb ich mich als Navigator, aber mein Orientierungssinn war so schlecht, dass es dort hieß: »Ben, wenn wir dir den Auftrag erteilen, Berlin zu bombardieren, würdest du wahrscheinlich in Tokio landen.« Und die Fallschirmjäger sagten mir, dass ich vermutlich eher davonschweben als zu Boden sinken würde.

Sobald ich mein Jurastudium abgeschlossen hatte, meldete ich mich bei der Einberufungsbehörde in der Bronx. Dort sagte mir der für mich zuständige Beamte, dass er Jura in Yale studiert habe, als der Erste Weltkrieg ausbrach. Er sei Pilot geworden und habe im Krieg ein Bein verloren. Das Studium habe er nie wieder aufgenommen und es seither immer bereut. Als er den Brief des Dekans aus Harvard gesehen habe, in dem dieser um meine Rückstellung bat, habe er beschlossen, dass mir nicht das Gleiche widerfahren dürfe wie ihm. Es war also einem Zufall zu verdanken, dass mich dieser Mann, den ich noch nie zuvor getroffen hatte, mein Studium hatte beenden lassen.

Aufgrund meiner Recherchen für Professor Glueck wusste ich eine Menge über die Angriffe der Nazis und ihre Pläne, Konzentrationslager zu errichten. Glueck gehörte einer Gruppe von Juristen aus verschiedenen von den Deutschen besetzten Ländern an, die bereits jetzt Beweise für Kriegsverbrechen sammelten. Doch die US-Army in ihrer unendlichen Weisheit machte mich zu einem Gefreiten im Bereich Flugabwehr, wovon ich absolut keine Ahnung hatte.

⁂

Meine Zeit als Soldat begann trostlos. Ich kam als Schreibkraft zum 115th Triple-A Gun Battalion, aber ich lernte nie, auf einer Schreibmaschine zu schreiben oder eine Kanone abzufeuern. Mein Hauptwidersacher war nicht die deutsche, sondern die amerikanische Armee, wo mir schnell klar wurde, dass es einen großen Zusammenhang zwischen Rang und Privilegien gab. Ich bekam alle schmutzigen Aufgaben übertragen, die sich auftreiben ließen – ich hatte die Klos zu putzen, die stinkenden Fahrzeuggruben zu säubern und die Töpfe und Pfannen zu schrubben. Ich musste den Boden so oft wischen, dass ich beim fünften Mal bereit gewesen wäre, den Besenstiel zu nehmen und ihn an ganz anderen Orten einzusetzen.

Meine Grundausbildung fand in Camp Davis in North Carolina statt. Wenn ich meine Vorgesetzten dort höflich darüber informierte, dass ein Befehl meiner Denkweise nach ganz besonders unsinnig war – was zahllose Male vorkam –, brüllte man mich nur an: »Du sollst nicht denken!«

Anschließend ging es auf dem Schiff HMS *Strathnaver* nach England, und unterwegs erklärte uns der General unseren Auftrag: Wir sollten die niedrig fliegenden feindlichen Maschinen abfangen, die es auf unsere Truppen am Strand abgesehen hatten. Der General sagte, wir hätten nichts zu befürchten, weil unser geheimer neuer Radar jedes sich nähernde Flugzeug aufspüren könne, und sobald es in unserer Reichweite wäre, würde es per Fernsteuerung automatisch abgeschossen.

Doch als es so weit war, wussten die Deutschen nicht nur genauestens darüber Bescheid, wie unser neuer Radar funktionierte, sondern schickten auch mit Aluminiumfarbe bemalte Brieftauben los, um für Chaos zu sorgen und die Flugabwehrsysteme abzulenken. Also feuerten wir alle in entgegengesetzte Richtungen, sodass die Bomber uns die Hölle heiß machen konnten. Ich weiß nicht, wie viele deutsche Flugzeuge von den 90-mm-Geschossen des 115th Gun Battalion vom Himmel geholt wurden, aber ich weiß, dass wir auch viele britische und amerikanische Maschinen trafen. So lernte ich schnell, dass man nicht jede Aussage eines Generals glauben kann – ein weiterer Beleg dafür, dass wir alle dazu in der Lage sein müssen, eigenständig zu denken.

An der westlichsten Spitze Englands, einem Ort namens Land's End, wartete unser Bataillon auf die lange angekündigte Invasion der Deutschen, die niemals kam. Stattdessen erinnere ich mich an die frühen Morgenstunden des 6. Juni 1944 – D-Day. Der Himmel war schwarz von Flugzeugen, und alle Schiffe, die die Häfen an der englischen Küste verstopft hatten, fuhren nun nach Frankreich hinüber. Wir überquerten den Ärmelkanal im Zickzackkurs, um den deutschen U-Booten auszuweichen, und erreichten schließlich die Normandie am Omaha Beach. Ich sprang vom Landungsboot ins Wasser. Den meisten meiner Kameraden reichte es nur bis zu den Knien, mir aber bis zum Bauch. Es begann zu schütten. Ein britischer Soldat klopfte mir auf den Rücken und sagte: »Viel Glück, nach Berlin geht es dort entlang.«

Ich schlug mich durch bis zum Kamm einer Erhebung, wo der Rest meiner Einheit Position bezogen hatte. Dort nahm mich sofort einer meiner Kameraden, »Starchy« North, in Beschlag, der in einem großen Loch hinter einem Maschinengewehr hockte. Er sagte: »Junge, bin ich froh, dich zu sehen«, und wies mich an, für ihn zu übernehmen. Dann verschwand er und kam mit einer Flasche Calvados zurück, ein lokales Produkt, das wie Raketentreibstoff schmeckte. Plötzlich erstarrte Starchy und fiel mit dem Gesicht nach vorn in den Sand. Ich glaubte, er wäre von hinten von einem Scharfschützen erwischt worden. Aber er war nicht tot, sondern nur sturzbetrunken. Mitten im Gefecht. Es war nicht alles heldenhaft.

Ich blieb eine ganze Weile beim 115th Triple-A Gun Battalion. In meinen drei Jahren beim Militär durchbrach ich die Maginot-Linie und den Westwall – beides Bollwerke, die errichtet worden waren, um Kerle wie mich draußen zu halten (hier könnte Donald Trump etwas über den Wert von Abwehrmauern lernen: Ich habe beide überwunden, ohne auch nur einmal ums Leben zu kommen) –, ich überquerte den Rhein über die Brücke von Remagen und war daran beteiligt, während der Ardennenoffensive die Stadt Bastogne zu befreien.

Ich erinnere mich an glückliche Stunden, etwa als ich am »Tag der Befreiung von Lunéville« mit einer französischen Familie zu Abend aß, wobei wir französische Lieder sangen und auf die Alliierten anstießen. Aber es gab auch finstere Tage, etwa den der Bombardierung von Saint-Lô, einem wichtigen Knotenpunkt in der Hand der Deutschen, auch wenn wir den Luftraum kontrollierten. An jenem Tag verdunkelten unsere Flying-Fortress-Bomber den Himmel, während eine Welle nach der anderen einen Bombenhagel auf die Stadt niedergehen ließ. Obwohl ich mehrere Kilometer entfernt war, bebte der Boden unter meinen Füßen so heftig, dass ich mich nicht auf den Beinen halten konnte. Danach stand in der Stadt kein Haus mehr. Ich frage mich bis heute, wie viele Unschuldige unter den Trümmern begraben wurden.

Ich habe alle möglichen Gefahren erlebt, doch ich könnte nicht sagen, dass ich jemals Angst gehabt hätte. Ich nahm einfach alles hin. Das brachte mir den Spitznamen »Furchtloser Ferencz« ein, auch wenn ich nicht mehr weiß, wie es zu dem Namen kam. Ich glaube nicht, dass ich ein besonders heldenhafter Mensch bin. Aber ich hatte von klein auf gelernt, mich zu verteidigen. Wenn mich jemand provozierte, trat ich ihm zwischen die Beine und rammte ihm dann, wenn er sich nach vorn krümmte, auch noch mein Knie gegen den Kopf. Schon als kleiner Junge war ich daran gewöhnt, mich gegen Schlägertypen durchzusetzen. Sie gingen nie zwei Mal auf mich los. Im Krieg war es das Gleiche. Lass nie zu, dass dich jemand zwei Mal schikaniert. Tritt für dich ein.

✻

Mein erster Sergeant war ein mieser Scheißkerl aus Texas, der damit angab, dass er seine Frau regelmäßig verprügelte. Hätte ich wählen müssen, ob ich ihn oder Göring tötete, hätte ich ihn zuerst erschossen. Er sagte zu mir: »Du willst Offizier werden?« Dann nahm er meinen Antrag, der bereits bewilligt war, und warf ihn in den Mülleimer, mit den Worten: »Für dich führt nur ein Weg aus dieser Einheit heraus, Soldat: in einer Holzkiste.«

Das fasst meine Zeit in der Kampfeinheit gut zusammen, wo das erklärte Ziel der Soldaten in meiner Umgebung offenbar war, mir das Leben schwer zu machen. Das Motto lautete: Ich gegen die US-Army, die einmal sogar damit drohte, mich zu exekutieren, weil ich ein Hühnchen gekocht hatte. Warum? Nun ja, die Franzosen waren uns so dankbar für die Befreiung von den deutschen Besatzern, dass sie weinten, jubelten und mit

Blumen, Wein und Eiern in den Händen unseren Fahrzeugen hinterherliefen. Da wir alle von »Spam« lebten, einem ungenießbaren US-Army-Fraß, der erfunden worden war, um Leute um die Ecke zu bringen, freuten wir uns sehr über die Eier. Doch schon bald hing ein Schild an den Bäumen: INDIVIDUELLES KOCHEN VERBOTEN. BEFEHL DES KOMMANDANTEN. Der Colonel mochte es nicht, wenn überall Eierschalen verstreut lagen.

Ich konnte es kaum glauben, dass er den Männern das Eieressen verbot, also machte ich Gebrauch von meinem in der amerikanischen Verfassung festgeschriebenen Recht auf Leben, Freiheit und das Streben nach Glück und lud drei Freunde zu einem Hühnchengericht ein. Doch es dauerte nicht lange, bis wir wegen Missachtung eines Befehls zum Colonel zitiert wurden. Er fragte mich, ob ich wisse, was es bedeute, sich in Kriegszeiten einem Befehl zu widersetzen, und verkündete, er werde ein Exempel an mir statuieren. Ich war davon überzeugt, dass der Mistkerl mich erschießen lassen würde. Daher sagte ich: »Sir, an Ihrer Stelle würde ich das nicht tun. Ihr Befehl lautete: ›Kein individuelles Kochen.‹ Dagegen würde ich mich nie auflehnen. Ich habe drei Zeugen dafür, dass es sich um ein Gruppenkochen handelte.« Der Colonel lief rot, weiß und blau an, ein echter Patriot, und brüllte mich an, ich solle sofort verschwinden.

Ein paar Wochen später gab es eine Liste der Mitglieder des Bataillons, die für ihr gutes Betragen ausgezeichnet werden sollten – insgesamt rund fünfzehnhundert Namen. Nur einer davon war mit roter Tinte durchgestrichen: meiner. Ich ging zu meinem Captain und fragte, wie ich zu dieser zweifelhaften Ehre käme. Er sagte: »Erinnerst du dich noch an die Geschichte mit dem Hühnchen? Der Colonel erinnert sich auch.«

Die Lehre, die man daraus ziehen kann, lautet wohl, dass nicht alle Feinde eine fremde Uniform tragen. Du wirst wahrscheinlich immer Widersacher haben und nicht unbedingt deine gerechte Belohnung erhalten. Mach einfach weiter und versuche, die Sache auf sich beruhen zu lassen – es bringt ja nichts, achtzig Jahre später immer noch die gleiche Geschichte zu erzählen. (Das ist vielleicht ein guter Zeitpunkt, um anzumerken, dass manche Lektionen leichter umzusetzen sind als andere. Geh deshalb nicht zu hart mit dir ins Gericht. Auch das solltest du lernen.)

❖

Als wir zur deutschen Grenze vorgedrungen waren, mehrten sich die Berichte über die Gräueltaten der Nazis. Roosevelt, Churchill und Stalin gaben gemeinsame Erklärungen heraus, in denen es hieß, dass man die Nazi-Anführer wegen Kriegsverbrechen zur Verantwortung ziehen werde. Ich war zwar überrascht, aber auch erfreut, als ich in das Hauptquartier von General Pattons dritter Armee versetzt wurde, die den Auftrag erhalten hatte, eine Abteilung für die Verfolgung von Kriegsverbrechen einzurichten. Durch eine Empfehlung aus Washington war man auf mich aufmerksam geworden. Der Oberstleutnant, der mich begrüßte, fragte direkt: »Sagen Sie, was ist ein Kriegsverbrechen?« Endlich war meine Stunde gekommen!

Der Lebensweg verläuft nicht immer geradeaus. Manchmal gibt es Kurven, Wendungen und Täler, und immer wieder liegen Steine im Weg. Wenn man endlich an eine Stelle gelangt, wo einem die Aussicht gefällt, haben sich alle Umwege gelohnt, so sehr man sie zwischendurch gehasst haben mag.

Irgendwann erreichten uns Berichte, dass die Deutschen die Piloten der abgeschossenen alliierten Flugzeuge, die per Fallschirm auf deutschem Gebiet landeten, systematisch ermordeten: ein Verstoß gegen die Gesetze und Gebräuche des Krieges. So kam es zu den »Allied Flyer Cases«, den Fällen der alliierten Piloten. Wenn wir von einem solchen Vorfall erfuhren, schnappte ich mir einen Jeep und fuhr zum Tatort, um Beweise für eine Ermittlung zu sammeln. Es war eine grausige Aufgabe. Die Leichen waren in Flüsse oder irgendwelche Löcher geworfen worden. Normalerweise waren sie nackt, nur manchmal fand man die Kennziffer mit wasserfester Tinte in das Futter der Hose geschrieben. Ich musste die Leichen ausgraben. Es war Winter und der Boden war hart, aber ich wagte es nicht, eine Spitzhacke zu benutzen, aus Angst, damit den Schädel des Toten zu treffen und die Verletzung hinterher nicht von einer Stichwunde oder einem Einschussloch unterscheiden zu können. Oft band ich ein Seil um eines oder beide Fußgelenke der Leiche und befestigte es hinten an meinem Jeep, um sie so langsam herauszuziehen, in der Hoffnung, hinterher mit mehr als nur einem Fuß dazustehen. Ich war für gewöhnlich der einzige Amerikaner vor Ort, und meine Autorität bestand allein aus einer Pistole vom Kaliber .45 an meiner Hüfte. Später ließ ich mir die deutschen Worte »IMMER ALLEIN« in großen Buchstaben vorn auf mein Fahrzeug malen.

Als der Krieg aufs Ende zuging, machte ich mich auf die Jagd nach dem größten Fisch von allen: Adolf Hitler, von dem man vermutete, dass er sich in einem eleganten Hotel hoch oben in den Alpen bei Berchtesgaden versteckte – seinem »Adlerhorst«, wie wir es nannten. Ich lieh mir einen Anhänger von einem Geistlichen, da ich damit rechnete, möglicherweise mehr Beweismittel mit zurückzubringen, als in einen Jeep passten. Doch der Adlerhorst war bereits bombardiert worden, und die kurvige Straße hinauf zum majestätischen Gipfel war von Kratern durchsetzt. Mit dem Anhänger kam ich nicht hinauf, also ließ ich ihn bei einigen amerikanischen Soldaten zurück, die die Straße bewachten. Das Nest war von der 101st Airborne Division eingenommen worden, und von Hitler war nichts zu sehen. Ich wandte mich sofort dem Aktenschrank zu und machte eine interessante Entdeckung: Die zweite Schublade von unten ließ sich hervorragend als Toilette benutzen, und die Jungs von der Luftlandedivision hatten ausgiebig davon Gebrauch gemacht. Welche Dokumente sich dort auch befinden mochten, ich nahm sie nicht mit.

Dann hörten wir, dass Hitler in Berlin Selbstmord begangen hatte. Ich bedaure es, dass ich es nie geschafft habe, dem *Führer* einen Überraschungsbesuch abzustatten. Als ich beim Bunker ankam, hatten die Russen schon ein tiefes Loch gegraben, ein Rechteck mit mindestens drei bis fünf Metern Seitenlänge, und Hitlers Asche hineingekippt.

✳

Zurück im Hauptquartier in München musste ich dem Geistlichen, der mir den Anhänger geliehen hatte, erklären, dass ich ihn verloren hatte. Ich sagte: »Vater, ich bin gerade aus dem Feld zurückgekehrt.«

Er fragte: »Wie ist es dir ergangen?« Ich sagte, ich hätte meine Pistole verloren, woraufhin er meinte: »Mach dir deswegen keine Sorgen, Sohn.« Dann sagte ich, ich hätte auch die Souvenirs verloren, die ich den anderen hatte mitbringen wollen, und er meinte: »Mach dir auch darüber keine Sorgen. Gott wird dir vergeben, Sohn.«

Ich sagte: »Und ich habe Ihren Anhänger verloren.«

Schweigen.

Sie versuchten, mich wegen des Verlusts von Staatseigentum vor ein Militärgericht zu stellen! Ich warf die Schreiben natürlich in den Müll.

KAPITEL 5

ÜBER PRINZIPIEN

Entscheide dich für das Gute

Während wir mit den »Allied Flyer Cases« beschäftigt waren, gingen in General Pattons Hauptquartier Berichte darüber ein, dass die Panzerbataillone auf den Straßen auf Menschen gestoßen seien, die wirkten, als kämen sie aus einer Art Arbeitslager. Sie sähen allesamt aus, als ständen sie kurz vor dem Verhungern, und seien in Lumpen und so etwas wie Pyjamas gekleidet. Es handelte sich natürlich um die Insassen der Konzentrationslager, die nach der Befreiung davonliefen.

Ich besuchte etwa zehn Lager, darunter Buchenwald, Mauthausen, Flossenbürg und Ebensee. Alle Lager waren gleichermaßen von Tod und Unmenschlichkeit geprägt. Ich erinnere mich sehr, sehr lebhaft an das, was ich dort sah, und habe noch heute Schwierigkeiten, es in Worte zu fassen. So etwas trägt man für den Rest des Lebens mit sich herum. Das absolute Chaos. Der Kampf, der irgendwie noch nicht zu Ende war. Überall Menschen auf dem Boden, manche tot, manche verletzt, bettelnd, schwach, mit flehenden Augen. Ich sah Haut und Knochen, aufgestapelt wie Klafterholz; hilflose, von Durchfall, Ruhr, Typhus, Tuberkulose und Lungenentzündung geplagte Skelette. Ich sah Menschen, die wie Ratten durch den Müll krochen und mit den Händen nach einem Stück Brot oder einem Happen zu essen gruben. Ich sah das Krematorium, in das Leichen geschoben wurden, um ihre Asche wie Dünger auf den Feldern zu verstreuen.

Es waren Szenen unbeschreiblichen Grauens. Es war, als hätte ich einen Blick in die Hölle geworfen. Also ersann ich ein System. Ich tat so, als wäre das alles gar nicht real. Normalerweise bin ich ein ziemlich rationaler Mensch, aber jetzt sagte ich zu mir: »Das ist nicht wahr, das ist nicht wahr, das ist nicht wahr.« Ich gab vor, alles wäre Teil eines irgendwie gearteten Schauspiels. Was blieb mir anderes übrig? Ich konnte mich nicht hinsetzen, schreien und mir die Haare ausreißen oder mir einen Deutschen schnappen und ihm einen Hammer über den Kopf ziehen. Es gibt Dinge, die unser Gehirn nicht verarbeiten kann, und in solchen Situationen müssen wir darauf vertrauen, dass es weiß, wie es uns am besten beschützen kann. Trauernde Menschen erzählen oft, dass sie zu ungewöhnlichen Zeiten einschlafen; wenn das Gehirn den Kummer nicht bewältigen kann, schließt es daraus, dass es mehr Ruhepausen braucht als gewöhnlich. Und so kam es, dass ich mir vorstellte, die Schrecken, die ich sah, seien erfunden – damit ich sie ertragen konnte.

Ich zwang mich, meine Arbeit zu machen. Ich folgte den Truppen in jedes Lager, das sie einnahmen oder in dem sie schon ein oder zwei Tage verbracht hatten. Vor Ort ging ich direkt zum US-Kommandanten und sagte: »Ich bin im Auftrag von General Patton hier, wir handeln auf Weisung der Regierung der Vereinigten Staaten. Positionieren Sie sofort zehn Männer rund um das Büro, in dem die Akten aufbewahrt werden. Niemand kommt dort ohne meine Erlaubnis rein oder raus.« Ich trat auf, als sei ich General Patton persönlich. Auf diese Weise nahm ich die *Schreibstube* in Besitz, das Büro des Lagers. Was die Dokumentation anging, war auf die Deutschen Verlass; sie hatten genauestens Buch geführt. Ich konnte ablesen, was im KZ vor sich gegangen war. Die Listen der Insassen, ihre Registriernummern, mit welchem Transport sie gekommen waren und wann die ersten Transporte aus Ungarn, Rumänien oder Deutschland eingetroffen waren. Natürlich waren die meisten der Aufgelisteten bereits tot.

Mit diesen Informationen kehrte ich zu meiner Schreibmaschine zurück und verfasste einen Bericht darüber, was ich gesehen hatte und wer dafür verantwortlich war: Wer das Lager geleitet hatte, wie viele Menschen getötet worden waren, die Namen der Wachen. Auf dieser Grundlage stellten wir Haftbefehle aus, um die Personen festzusetzen. So sah unsere Arbeit aus: Wir sicherten Beweise und fuhren direkt zum nächsten Lager. Immer weitermachen – das war die Einstellung, die mich davor bewahrte, völlig den Verstand zu verlieren.

Ich erinnere mich noch genau daran, wie ich einen Insassen traf, der in der *Schreibstube* in Buchenwald gearbeitet hatte, vermutlich ein Franzose. »Ich habe auf Sie gewartet«, sagte er. »Kommen Sie mit.«

Er nahm eine Schaufel und ging zum Rand des Lagers, das von einem Stacheldrahtzaun umgeben war. Dort gruben wir eine Kiste aus. Wir kehrten ins Büro zurück und entfernten den Schmutz. Dann holte der Mann eine Reihe kleiner Hefte aus der Kiste, die wie Pässe aussahen. Diese Hefte hatten die SS-Leute bei sich getragen, und immer wenn sie einen feuchtfröhlichen Abend im Casino des Lagers verbringen wollten, mussten sie das Heft vorzeigen und es sich abstempeln lassen.

War ein Heft nach fünfzig Stempeln voll, wurde dieser Insasse, der im Büro des Lagers arbeitete, damit beauftragt, es zu entsorgen. Doch statt sie zu vernichten, versteckte er sie. Er glaubte fest daran, dass irgendwann der Tag der Abrechnung kommen würde. Hätte man ihn erwischt, wäre er sofort umgebracht worden.

Es kommt nicht oft vor, dass man in eine Situation gerät, in der man unter Lebensgefahr handelt, daher lautet die Lehre hier nicht, so mutig zu sein wie dieser Mann (auch wenn das natürlich eine große Leistung wäre). Sie lautet, dass Menschen zu furchtbaren Dingen fähig sind, aber auch zu heroischen Taten, großen oder kleinen. Die Welt ist voll mit guten Menschen, die Gutes tun. Manchmal reicht schon der Gedanke, das Festhalten daran, um uns anzutreiben, uns zu beflügeln und uns das, was wir erleben, erträglicher zu machen.

Das, was der Mann uns damals überreichte, war eine reine Goldgrube. Diese Kerle, die Täter und Handlanger, würden mir später alle erzählen, dass sie nicht dort gewesen seien, aber ich verfügte über die Daten, wann sie im Casino gewesen waren, ich hatte ihre Dienstnummern, ich wusste, wer sie waren. Ich stellte sofort Haftbefehle aus und schickte sie auch an alle Kriegsgefangenenlager. Das ganze Ereignis ist ein Beweis für den Mut von Menschen, die dem Tod ins Auge blicken und trotzdem handeln, um für Gerechtigkeit zu sorgen.

❖

Die verbliebenen SS-Leute in den Lagern flohen vom Ort des Geschehens. Die meisten Insassen waren zu krank und schwach, um sich zu bewegen, doch es gab einige, die relativ fit und umtriebig waren. In einem Lager sah ich, wie sie sich einen der Wächter schnappten und ihn verprügelten, bis er halb bewusstlos war. Dann legten sie ihn auf eine Trage und schleppten ihn zum Krematorium, schoben ihn hinein und ließen ihn brutzeln. Doch bevor er daran starb, zogen sie ihn heraus, schlugen erneut auf ihn ein und schoben ihn wieder hinein. Das wiederholten sie drei oder vier Mal, bis er ordentlich durchgebacken und garantiert tot war. Ich beobachtete das Ganze und sehe es bis heute vor mir. Aber ich dachte: »Himmel, wenn ich versuche, sie aufzuhalten, gehen sie auf mich los.«

Auf dem Weg von Lager zu Lager traf ich auf einige Einheiten der Roten Armee, die mich zu einer Siegesfeier mitnahmen. Einer der Sowjetsoldaten fragte mich, was ich beim amerikanischen Militär mache, und ich

sagte ihm, dass ich Ermittler in Sachen Kriegsverbrechen sei und Beweise für die Taten der SS zusammen-
trage. »Wisst ihr denn nicht, was sie getan haben?«,
fragte er. Ich antwortete: »Doch, natürlich.« – »Warum
fragt ihr sie dann?«, erkundigte er sich verwundert. »Er-
schießt sie doch einfach.«

❧

Rache ist schrecklich. Aber sie ist eine Folge von Mord.
In Frankreich schnappten sich die Leute nach der Befreiung einige der jungen Frauen, die etwas mit deutschen Soldaten angefangen hatten, schleiften sie auf
den Marktplatz und rasierten ihnen die Haare ab, während die Umstehenden sie anspuckten oder ohrfeigten.
Als ich das mitbekam, schoss ich in die Luft und sagte:
»Verzieht euch, sie ist verhaftet.« Dann setzte ich das
Mädchen in den Jeep, fuhr mir ihm davon und sagte:
»Und jetzt raus hier, geh nach Hause.«
    In meinem Eröffnungsplädoyer in Nürnberg sagte
ich: »Unser Ziel ist nicht Rache.« Ich weiß, was Rache
anrichten kann; ich habe es erlebt, und glaube mir, es
ist furchtbar. Mein Ziel bestand darin, ein Rechtssys-
tem zu erschaffen, das alle beschützt. Rachegelüste
sind menschlich, aber wir müssen uns gegen sie weh-
ren. Werde nicht zu dem, was du verabscheust. Wenn
du das tust, wirst du zum Feind anderer Menschen und
der Kreislauf hört niemals auf. Die alte Maxime des
»Darüberstehens« hat ihre Berechtigung. Klar, das sagt
jeder, aber das liegt daran, dass es eben auch stimmt.

Es bedeutet nicht, dass jemand nicht für seine Taten verantwortlich gemacht werden sollte; es bedeutet nur, dass wir dafür eben die Justiz haben.

Natürlich war mir während all dessen überaus bewusst, dass ich selbst Jude war, doch es hat mein Verhalten nie beeinflusst, dass ich in einem jüdischen Haushalt aufgewachsen bin, und ich habe auch nie danach unterschieden, welcher Religion die Opfer angehörten. Mein einziges Zugeständnis an diese Tatsache kam später, in Nürnberg, als ich nicht wollte, dass meine jüdische Identität den Prozess als Rachefeldzug dastehen ließ. Daher überließ ich das Kreuzverhör des Hauptangeklagten, der neunzigtausend Juden ermorden ließ, einem Freund von mir.

In den Konzentrationslagern mussten die Juden einen Davidstern tragen und die Kommunisten ein rotes Abzeichen. Doch als ich dort eintraf, waren die Häftlingsuniformen nur noch Lumpen und nicht mehr auseinanderzuhalten. Es waren alles Menschen.

KAPITEL 6

ÜBER DIE WAHRHEIT

Sprich sie aus,
auch wenn niemand zuhört

Als ich aus Deutschland zurückkehrte, suchte ich genau wie zehn Millionen andere amerikanische Soldaten nach einem Job. Ich schickte Bewerbungen an alles und jeden. Die erste Frage, die die großen Kanzleien mir immer stellten, lautete: »Wie viele Mandanten können Sie mitbringen?« Leider waren die einzigen Mandanten, die ich kannte und hatte, Leute mit nichts als einer Nummer auf dem Arm.

Ich hatte immer noch keine Stelle gefunden, als ich eines Tages ein Telegramm aus dem Pentagon erhielt, in dem stand, dass man sich dort gern mit mir unterhalten wolle. Also fuhr ich nach Washington, wo mich Colonel Mickey Marcus erwartete, der Mitarbeiter für die geplanten Militärprozesse suchte. Es herrschte ein akuter Mangel an Juristen, die sich mit Kriegsverbrechen auskannten; die Army war verzweifelt.

Ich war nicht gerade begeistert angesichts der Aussicht, mich wieder einem militärischen Kommando zu unterstellen, und das Verfahren ließ einiges zu wünschen übrig, doch dann bat man mich, bei einem zweiten Colonel vorstellig zu werden: Telford Taylor. Dieses Gespräch änderte vieles. Taylor sagte, Präsident Harry S. Truman habe ihn zum Verantwortlichen für die Nachfolgeprozesse ernannt, die die Regierung der Vereinigten Staaten durchführen wolle, um verschiedene Aspekte des Lebens in Deutschland aufzudecken und zu zeigen, wie es möglich war, dass ein derart zivilisiertes Land so furchtbare Verbrechen begehen konnte. Die Prozesse sollten stattfinden, sobald das Verfahren des Internationalen Militärgerichtshofs abgeschlossen war.

Taylor sagte, er habe sich meine Akte angeschaut und festgestellt, dass ich gelegentlich zum Ungehorsam neige. Ich sagte: »Bitte entschuldigen Sie, Sir, aber das ist nicht korrekt. Ich bin nicht *gelegentlich* ungehorsam, sondern *für gewöhnlich* ungehorsam. Ich befolge keine Befehle, die illegal oder dumm sind.« Dann erklärte ich ihm, dass ich zum Glück auch einen Blick in seine Akte geworfen habe und wisse, dass er mir keinen solchen Befehl geben werde.

Lächelnd sagte er: »Kommen Sie mit.«

※

Die Nürnberger Nachfolgeprozesse sollten die gesamte Bandbreite der deutschen Gesellschaft abdecken. Telford meinte, wir hätten eine Reihe von Verdächtigen, die bereits in Haft säßen, bei denen uns aber die Beweise fehlten, um sie zu verurteilen. Also erhielt ich die

Aufgabe, die Beweise für zwölf Verfahren aufzutreiben, die sich mit einzelnen Bereichen der deutschen Regierung und Gesellschaft befassten. Da waren die Ärzte, die medizinische Experimente an Insassen der Konzentrationslager durchgeführt hatten; die Anwälte, die das Gesetz pervertiert hatten, indem sie Menschen aus politischen Gründen einsperrten. Wir hatten die Industriellen, welche die nötigen Mittel für die Lager gestellt hatten, um sich so mit Arbeitssklaven zu versorgen; die Diplomaten, die den Weg für Hitlers Angriffskriege bereitet hatten; das Militär und schließlich die SS-Truppen selbst, die für das Töten zuständig gewesen waren. So lautete unser Programm, und ich sollte die nötigen Beweise beschaffen, um die Schuld dieser Menschen zweifelsfrei zu belegen.

Ich richtete eine Zentrale in Berlin ein und stellte ein Team von etwa fünfzig Personen zusammen, die sich mit den verschiedenen Bereichen befassen sollten. Es muss im Frühling 1947 gewesen sein, als einer unserer gewissenhaften Ermittler, Frederic S. Burin, aufgeregt in mein Büro gelaufen kam und verkündete, er habe etwas gefunden. Er überreichte mir eine Sammlung von Berichten, die als »streng geheim« gekennzeichnet und zu einem Buch zusammengebunden waren, das so dick war wie das Telefonbuch von New York City. Diese Berichte waren aus der Gestapo-Zentrale in Berlin an vielleicht hundert Topleute der Nazis verschickt worden. Auf der Empfängerliste standen viele Generäle sowie eine Reihe hochrangiger Anführer des Dritten Reiches.

Diese Tagesberichte, die »Ereignismeldungen UdSSR«, stammten von Einheiten namens *Einsatzgruppen* – Mordkommandos der SS, wie sich herausstellte, die ganz bewusst einen neutralen Namen erhalten hatten, um ihre eigentliche Aufgabe zu vertuschen. Die war äußerst simpel: Die Einsatzgruppen waren von Himmler und anderen zusammengestellt worden, um alle Juden in der Sowjetunion und den angrenzenden europäischen Ländern zu töten.

Die Einsatzgruppen waren in vier Untereinheiten zu je fünfhundert bis achthundert Mann organisiert. Die Berichte listeten chronologisch auf, wie viele Zivilisten diese Untereinheiten im Rahmen von Hitlers »totalem Krieg« getötet hatten. Als ich bei einer Million angelangt war, hörte ich auf, die Zahlen zu addieren. Heute ist allgemein bekannt, dass die Nazis zielgerichtet sechs Millionen Juden und elf Millionen andere Menschen getötet haben, doch das Gefühl, das ich hatte, als mir diese Zahlen aus den Aufzeichnungen zum ersten Mal klar wurden, ist kaum in Worte zu fassen.

Der Plan war gewesen, dass die Einsatzgruppen den deutschen Truppen quer durch Europa folgen, wo diese den Erwartungen nach recht schnell vorankommen sollten, und Juden, Roma und alle, die als Feinde des Reiches betrachtet wurden, zu töten. Die Mitglieder der Einsatzgruppen veranlassten ganze Dorfgemeinschaften, sich vor Massengräbern aufzustellen, und schossen sie dann nieder. Die Menschen wurden wie Ungeziefer behandelt, das es zu vernichten galt. Das Verhalten der Einsatzgruppen war methodisch. Und absolut barbarisch. Das war ihr Auftrag, und ich hielt den Bericht darüber in der Hand.

Ich stieg ins nächste Flugzeug nach Nürnberg und sagte: »General Taylor, Sie müssen einen weiteren Prozess anberaumen.« Er sagte, das ginge nicht, die Anwälte hätten alle schon ihre Aufgaben und das Budget sei ausgeschöpft. Da platzte mir der Kragen; ich rief: »Wir können diese Mörder nicht einfach ziehen lassen!«

Ich erklärte ihm, dass wir über eindeutige Beweise für einen groß angelegten Genozid verfügten, die an alle Nazis von Rang und Namen verschickt worden waren, obwohl diese jetzt behaupteten, nichts darüber gewusst zu haben. Hatten sie das Lesen verlernt?

In meiner Verzweiflung schlug ich vor, dass ich die Sache selbst übernehmen könne, wenn sonst niemand dafür zur Verfügung stehe. Telford fragte mich, ob ich das zusätzlich zu meinen anderen Verpflichtungen bewältigen könne, und ich versicherte ihm, das sei möglich. »Okay«, sagte er schließlich. »Tun Sie es.«

Und so kam es, dass der kleine Benny aus Transsilvanien zum Chefankläger im größten Mordprozess der Menschheitsgeschichte wurde. Ich war siebenundzwanzig Jahre alt, als das Verfahren im Hauptgerichtssaal des teilweise wiederaufgebauten Justizpalastes in Nürnberg eröffnet wurde. Es war mein allererster Fall.

※

Die dreitausend Mitglieder der Einsatzgruppen hatten praktisch jeden Tag an der Ostfront damit zugebracht, unschuldige Männer, Frauen und Kinder zu ermorden. Doch auch wenn es seit den Zeiten, in denen die ersten Handelsschiffe über die Weltmeere segelten, als geltendes Recht betrachtet wurde, dass derjenige, der auf einem Piratenschiff segelt und von den Machenschaften weiß, über die Planke gehen muss, wenn er gefasst wird, stand es außer Frage, Tausende von Menschen mit sanftem Druck ins Meer zu befördern.

Also entschied ich, dass die Zahl der Angeklagten auf die Zahl der Plätze auf der Anklagebank beschränkt sein musste. Letztlich waren es dann zweiundzwanzig. Die Auswahl erfolgte auf der Grundlage von drei Kriterien: ob die Person bei uns in Haft saß, welchen Rang sie bekleidet hatte und wie gebildet sie war. Ich beschloss, keine einfachen Soldaten anzuklagen – ich wollte ausschließlich die hochrangigsten und gebildetsten Männer. Wer nicht mindestens einen Doktortitel hatte, fiel raus. Ein Mann, Otto Rasch, war sogar Doktor Doktor – er hatte zwei Doktortitel; so etwas hatte ich noch nie zuvor gehört.

Der Prozess stand kurz bevor. Wir hatten die Angeklagten und die Dokumente versammelt. Die Männer hatten Zeit gehabt, sich Verteidiger zu suchen. Doch dann ergab sich ein Problem: Wie sollte die Anklage lauten, und welches Strafmaß wollte ich vorschlagen? Sollte ich ihnen traditionelle Kriegsverbrechen vorwerfen, wie sie im Haager Abkommen vierzig Jahre zuvor verboten worden waren? Ich erweiterte die Anklage um den Vorwurf des Genozids, weil ich den Mann kannte, der den Begriff geprägt hatte – ein polnischer Jurist namens Raphael Lemkin, der aus seiner Heimat floh, nachdem die Nazis seine gesamte Familie umgebracht hatten, und diese Geschichte allen, die ihm zuhörten, erzählte – wie der alte Seemann in der Ballade von Samuel Taylor Coleridge. Außerdem nahm ich Massenmord und Verbrechen gegen die Menschlichkeit in die Anklage auf. Ich legte dar, dass das, was passiert war, das Ausmaß der Taten, ein bewusstes Verbrechen gegen die Menschlichkeit gewesen sei und deshalb als solches behandelt werden sollte.

So saß ich eines Sonntagmorgens ganz allein im Gericht und schrieb an meinem Eröffnungsplädoyer, als ich auf einmal zu einer wichtigen Erkenntnis gelangte: Wenn dieser Prozess irgendeine Bedeutung haben sollte, konnte es nicht nur um Gerechtigkeit gehen. Ich hatte aus dreitausend Massenmördern ganze zweiundzwanzig ausgewählt, und sie alle hatten sich gleichermaßen entweder des direkten Massenmordes oder der Verschwörung zum Mord an mehr als einer Million Menschen schuldig gemacht. Dafür konnte die Justiz unmöglich einen Ausgleich finden. Ich wusste, dass der Prozess für etwas Größeres stehen musste, wenn er von Bedeutung sein sollte. Die Ermordeten waren nur deshalb gestorben, weil ihre ethnische Herkunft, ihre Religion oder ihre Überzeugungen von denen der Henker abwichen. Ich musste einen Beitrag dazu leisten, dass es solche Gräueltaten in Zukunft nie wieder geben würde, und eine Grundlage für eine humanere Welt schaffen. Ich musste dazu aufrufen, allen Menschen ein Anrecht auf Schutz durch das Gesetz zuzugestehen, damit sie in Frieden und Würde leben konnten.

Bei den Angeklagten handelte es sich nur um eine Auswahl von Personen, die sinnbildlich für die Unmenschlichkeit des Menschen dem Menschen gegenüber standen: für die Fähigkeit, sich barbarisch zu verhalten, wie sie diese gebildeten hochrangigen Deutschen allesamt an den Tag gelegt hatten. Wenn man daran glaubt, dass eine andere Gruppe eine Bedrohung darstellt, weil es ihr im Blut liegt, die eigene Gruppe zu töten – wie es die Überzeugung der Nazis in Bezug auf die Juden war –, ist es ganz logisch, deren Vernichtung anzustreben. Doch es handelt sich um eine unmenschliche Überlegung und eine falsche Argumentation, weil so etwas *niemandem* im Blut liegt. Wir mussten eine Grundlage erschaffen, um die Menschen der Zukunft vor derartigen Taten zu beschützen. Denn sonst könnten sie sich anderswo wiederholen, erkannte ich.

In meinem Eröffnungsplädoyer am ersten Tag sagte ich: »Voller Trauer und Hoffnung eröffnen wir die Verhandlung über den bewussten Mord an über einer Million unschuldiger Männer, Frauen und Kinder.« Bei dem Fall handle es sich um einen »Appell der Menschlichkeit an das Gesetz«. Die Angeklagten plädierten ausnahmslos auf nicht schuldig. Sie zeigten keinerlei Reue oder Gewissensbisse.

Ich werde oft gefragt, ob ich während des Prozesses in Nürnberg nervös gewesen sei. Ich war ein unerfahrener junger Anwalt, der deutschen Massenmördern gegenübersaß, unter ihnen sechs SS-Generäle, die mich ohne zu zögern erschossen hätten. Aber nervös war ich nicht, eher entrüstet. Nicht ich hatte jemanden getötet – das waren sie gewesen, und sie wussten, dass ich es beweisen konnte. Nach nur zwei Tagen war mein Teil der Beweisaufnahme abgeschlossen. Ich musste einfach nur immer wieder fragen: »Sind Sie dieser Mann? Ist das Ihre Unterschrift? Dann ist das, was Sie sagen, eine verdammte Lüge.«

Ich schloss mit den Worten: »Die Angeklagten waren die grausamen Henker, deren Schreckenstaten die dunkelsten Seiten im Buch der Menschheitsgeschichte füllen. Der Tod war ihr Werkzeug und das Leben ihr Spielzeug. Wenn diese Männer straffrei ausgehen, hat das Gesetz seine Bedeutung verloren, und die Menschheit muss in Angst leben.« Ich hätte nie damit gerechnet, welche Wirkung diese Worte haben und dass wir wirklich Rechtsgeschichte schreiben würden.

❖

Die Verteidigung brauchte insgesamt einhundertsechsunddreißig Tage. Das interessanteste und auch widerwärtigste Argument gegen die Anklage wegen Genozids führte der Hauptangeklagte, SS-General Dr. Otto Ohlendorf, an. Den Berichten war zu entnehmen, dass die Einheit unter seinem Kommando neunzigtausend Juden ermordet hatte. Als er gefragt wurde, ob das der Wahrheit entspräche, sagte er, das wisse er nicht, da seine Männer dazu neigten, die Zahl der Opfer zu übertreiben. Sie hätten vorgegeben, mehr Menschen umgebracht zu haben, als es in Wahrheit der Fall gewesen sei. Erst als die Zahl auf siebzigtausend korrigiert wurde, war Ohlendorf zufrieden.

Er bestätigte, dass die Juden nur deshalb ermordet worden waren, weil sie Juden waren. Im Tonfall eines Lehrers erklärte er, dass Menschen mit »Zigeunerblut« unzuverlässig seien und dem Feind helfen könnten, deshalb hätten sie ebenfalls getötet werden müssen. Und da die jüdischen Kinder, wenn sie erfahren hätten, dass man ihre Eltern ermordet hatte, zu Feinden des deutschen Reiches herangewachsen wären, hätten auch sie sterben müssen. Er sei an der langfristigen Sicherheit seines Landes interessiert gewesen, ob das nicht klar sei?

Darüber hinaus rechtfertigte Ohlendorf seine Taten als Selbstverteidigung.

»Aber Deutschland wurde von niemandem angegriffen«, antwortete man ihm. »Das Land hat Frankreich, Belgien, Holland und Dänemark selbst angegriffen.«

»Ja«, meinte Ohlendorf, »aber Hitler wusste etwas, und er verfügte über mehr Informationen als ich. Die Bolschewiken wollten uns angreifen, deshalb beschlossen wir, den ersten Schlag auszuführen. Es war ein legaler Präventivschlag.«

Er legte ein Expertengutachten eines Kriminologen aus München vor, das besagte, der Angriff sei absolut legitim gewesen und kein Verbrechen. Ich hätte nie erwartet, dass ich Jahrzehnte später, im Alter von neunundneunzig Jahren, hören würde, wie der Präsident der Vereinigten Staaten von Amerika vor der Generalversammlung der Vereinten Nationen eben dieses Argument anführte, als er ankündigte, Nordkorea zu »vernichten«, wenn das Land die USA oder einen der Verbündeten bedrohte.

Es gab keine rechtliche Grundlage für einen Präventivschlag durch Deutschland. Die drei Richter in Nürnberg kamen zu dem Schluss, dass es sich nicht um eine gerechtfertigte Verteidigungsstrategie handelte.

Für Ohlendorf verlangte der Krieg eine Aufhebung der humanitären Regeln. Er erinnerte an die Bomben auf Dresden und Hiroshima. Seine Argumentation war ein Patentrezept dafür, die Welt in die Katastrophe zu stürzen; er wurde zum Tod durch den Strang verurteilt. Viele andere erwartete das gleiche Schicksal. Jedes Mal, wenn ich dieses Urteil hörte, kam es mir vor, als habe jemand einen Hammer auf mein Gehirn niedergehen lassen. Ich hatte nie ein Todesurteil gefordert, weil ich befürchtete, das könne das Ausmaß der Verbrechen bagatellisieren, weil es nahelegte, diese ließen sich durch die Hinrichtung einiger weniger ausgleichen. Andere Angeklagte erhielten lebenslange oder langjährige Haftstrafen. Nach jedem der Nürnberger Prozesse war es üblich, dass der Chefankläger die Mitwirkenden zu sich einlud, um den Abschluss des Verfahrens zu feiern. Ich glaube, ich war der Einzige, der auf seiner eigenen Party nicht auftauchte.

※

Auf den ersten Blick mag es so wirken, als sei die Lehre aus diesem Kapitel nicht leicht auf den Alltag zu übertragen, aber ich glaube, sie ist es doch, und möchte sie dir ganz besonders ans Herz legen. Viele Menschen glauben nicht, dass sich das, was in Deutschland unter Hitler geschah, wiederholen könnte, vor allem nicht in ihrem eigenen Land. Doch es ist noch keine hundert Jahre her, dass es in Deutschland passierte, und auch damals hätte es niemand für möglich gehalten.

Wie ich bereits gesagt habe, hört man die Argumente, die die Verteidigung in Nürnberg anführte, heute wieder. Überall auf der Welt werden weiterhin Kriegsverbrechen begangen. Auch wenn alles, was nach 1945 geschah, vom Ausmaß und Organisationsgrad her nicht mit den Taten der Nazis zu vergleichen ist, ist es dennoch passiert.

Die Wahrheit ist ein wertvolles Gut. Wie auch immer deine Wahrheit aussieht, geh nicht selbstverständlich davon aus, dass andere Menschen sie kennen, sich daran erinnern oder sie hören können. Ich kam zu dem Schluss, dass Kriegsverbrechen Kriegsverbrechen sind, egal, wer sie ausführt. Ich habe mein Leben lang darum gekämpft, die Mächtigen an diese Tatsache zu erinnern und sie zur Verantwortung zu ziehen.

Die Angeklagten, die ich für den Nürnberger Prozess ausgewählt hatte, waren keine gewöhnlichen Verbrecher. Sie waren allesamt intelligente und gebildete Menschen, die zum Teil Wirtschaftswissenschaften oder Jura studiert hatten. Einer war Opernsänger gewesen, ein anderer evangelischer Pastor. Alle stritten ab, ein Verbrechen begangen zu haben. Für mich bestand die größte Lehre in der Erkenntnis, dass der Krieg aus eigentlich anständigen Menschen Mörder macht. Ohlendorf war ein gutes Beispiel dafür. Er war ein ansehnlicher Mann, Vater von fünf Kindern, mit einem Studienabschluss in Staatswissenschaft. Er äußerte sich vor Gericht offen und aufrichtig. Seine Argumente wirkten abscheulich auf mich, aber sie waren schlüssig. Ehrlich gesagt, tat er mir leid.

Er war der einzige der Angeklagten, mit dem ich mich von Angesicht zu Angesicht unterhielt, nachdem er zum Tod verurteilt worden war. Ich begab mich in das Gefängnis, in dem er saß, direkt unter dem Gericht, und sagte, ich wolle mit ihm reden. Auf Deutsch fragte ich ihn, ob ich irgendetwas für ihn tun könne. Irgendeinen kleinen Gefallen, vielleicht? Eine Nachricht, die ich seiner Familie überbringen könnte? Er sagte, ich würde noch erkennen, dass er recht gehabt habe: Die Russen hätten angegriffen, und die Kommunisten würden an die Macht kommen. Dann fing er an, die Argumente zu wiederholen, die er im Prozess angeführt hatte. Der Mann hatte nichts gelernt und bereute nichts. Ich war leicht verärgert. Ich war nicht nach hier unten gekommen, um mir das anzuhören. Also schaute ich ihm in die Augen, sagte leise: »Goodbye, Mr. Ohlendorf«, und knallte die Tür hinter mir zu.

Man lud mich ein, seiner Hinrichtung beizuwohnen. Ich lehnte ab.

KAPITEL 7

ÜBER DIE LIEBE

Es gibt Wichtigeres,
als die Welt zu retten

Ich heiratete meine Jugendliebe Gertrude, und wir bekamen vier Kinder, die uns viel Freude, aber auch Kummer bereiteten. Gertrude und ich lernten uns kennen, als ich noch zur Schule ging. Sie war die Nichte meiner Stiefmutter und als Jugendliche aus Ungarn nach Amerika gekommen, ohne ein Wort Englisch zu sprechen, ohne Geld und ohne Qualifikationen. Zu dem Zeitpunkt hatte ich weder Zeit für noch Interesse an Liebschaften. »Goils« – Mädchen – spielten in meinem Leben keine Rolle, und die Neuzugezogene machte nur wenig Eindruck auf mich. Ich sagte zu ihr, sie sehe aus wie ein Greenhorn. Sie nannte mich ein »albernes Gör«.

In jener Zeit stand ich ziemlich unter der Fuchtel meiner älteren Schwester; sie war für mich verantwortlich, wenn unsere Mutter arbeiten ging. Eines Tages stritten wir uns, weil sie mir befahl, etwas zu tun, was ich nicht tun wollte. Meine Mutter sagte: »Du musst auf sie hören, sie ist deine große Schwester.

Wenn du das nicht akzeptierst, kannst du nicht hier wohnen.«

Also sagte ich: »In Ordnung«, legte meinen Schlüssel auf den Tisch und zog zu meinem Vater. Damals war ich fünfzehn oder sechzehn. Meine Mutter war sehr erschrocken und suchte mich dort in der Wohnung auf. Da ich ihr immer mit Respekt begegnete, besprachen wir die Situation ganz ruhig miteinander. Gertrude, die damals im Nebenzimmer lebte, hörte unser Gespräch mit an. Meine bedachten und überzeugenden Überlegungen imponierten ihr, und so kam sie zu dem Schluss, dass ich wohl doch kein albernes Gör sei. Ich hingegen war schon bald beeindruckt von ihren Sprachkenntnissen, ihrem Wissen und ihrer Entschlossenheit, in der Abendschule den Schulabschluss nachzuholen. Mit der Zeit bekam das Greenhorn einen rosigen Schimmer, und ich stellte fest, wie hübsch es doch war.

Also fingen wir an, lange Spaziergänge zu unternehmen, Hand in Hand, und wurden erst enge Freunde und dann ein Paar. Ich kann mich nicht daran erinnern, ihr je gesagt zu haben, dass ich mich in sie verliebt habe. Das war nicht nötig; es war eine schrittweise und beiderseitige Erkenntnis. Eines Tages war es einfach so. Wenn ich sagen würde, dass ich noch wüsste, wann wir uns das erste Mal geküsst haben, wäre das gelogen, aber es gab eine Menge Küsse, viele von ihnen erinnerungswürdig.

Da wir beide kein Geld hatten, bestand unsere Lieblingsbeschäftigung darin, kostenlose Vorträge an der Cooper Union anzuhören, eine erhellende Aktivität.

Der Fahrschein für die U-Bahn kostete nur fünf Cent, und wir wählten oft den unkonventionellen Weg und teilten uns die Kosten. Manchmal lud ich Gertrude auf eine heiße Schokolade im *Stubies Ice Cream Parlor* in der Tremont Avenue ein, oder in den Zoo in der Bronx, wo wir die Affen beobachteten und uns auf einer Bank zusammen den Sonnenuntergang ansahen. Mein Lieblingssänger war damals Bing Crosby, dessen Lieder ich ihr als Ständchen darbrachte, vor allem »I'll Be Home For Christmas«. Ich konnte ganz gut singen, sie hingegen gar nicht.

Tagsüber nähte Gertie in einer Textilfabrik Kleidung, abends besuchte sie ihre Kurse. Sie war eine gute Schülerin und wollte unbedingt Sozialarbeiterin werden. Wir hatten also vieles gemeinsam, wie wir herausfanden.

Doch ich hatte beschlossen, dass ich erst heiraten wollte, wenn ich eine Familie ernähren konnte, weil ich erlebt hatte, wie Familien aufgrund von Geldmangel zerbrochen waren. Gertrude und ich redeten schon sehr früh darüber. Ich sagte ihr, dass ich Jura studieren werde. Damals wusste ich noch nicht, dass es Krieg geben werde, und als das geschah, meinte ich zu ihr, sie solle sich nicht an mich gebunden fühlen, falls sie einen anderen kennenlernte. Aber sie wartete geduldig. Während meiner Zeit beim Militär waren die Briefe und Fotos meines »Pin-up-Girls« ein Trost für mich. Sie bewahrte alle Briefe, die ich ihr schrieb, in einem Schuhkarton auf; sie sind Bestandteil der Unterlagen, die ich später an das Holocaust Memorial Museum in

Washington spendete. Heute gelten sie als »nationaler Schatz«. Ich empfehle allen jungen Liebespaaren, einander auch in der heutigen Zeit Briefe, Karten oder kurze Nachrichten zu schreiben – so erschafft ihr euch euren eigenen Schatz, vor allem für die Zukunft. Es ist wichtig, diejenigen, die uns am Herzen liegen, wissen zu lassen, wie viel sie uns bedeuten.

❖

Als mir die Aufgabe in Nürnberg angeboten wurde, rief ich Gertie von Washington aus an und fragte sie, wie ihr eine Hochzeitsreise nach Europa gefallen würde. Sie sagte: »Das wäre wunderbar.« Darauf meinte ich: »Alles klar, dann machen wir es.« So sah mein Heiratsantrag aus. Wir heirateten, und wenige Wochen später musste ich fort.

Zu der Zeit war es nur wenigen hochrangigen Armeeangehörigen erlaubt, ihre Frauen mit nach Übersee zu nehmen. Sobald mein Schiff abgelegt hatte, bewarb sich Gertrude auf eine Stelle als Sekretärin für das Kriegsministerium in Nürnberg, doch als herauskam, dass ihr Mann ebenfalls in Deutschland stationiert war, wurde sie abgelehnt. Meine Frau saß also in New York fest, während ich in Berlin ein Büro einrichtete, um Beweise für die Prozesse in Nürnberg zusammenzutragen, und mir mit ein paar anderen Männern ein Junggesellenquartier teilte.

Als die Armee endlich ihre Vorschriften änderte und den Angehörigen von Militärmitarbeitern erlaubte, zu ihren Partnern in Übersee zu reisen, besorgte sich Gertrude einen Platz auf dem ersten Schiff, das Ehefrauen von New York nach Deutschland bringen sollte. Doch bevor dieses Schiff auslaufen konnte, gab es einen Schaden und die Abreise verschob sich um eine Woche. Kaum waren sie auf See, brach an Bord ein Feuer aus. Erst im September 1946 erreichten sie endlich den Zielhafen.

Ärgerlicherweise war es den Männern nicht gestattet, ihre Frauen direkt im Hafen willkommen zu heißen. Also tat ich, was in meiner Macht stand, und ließ einen Haftbefehl auf Gertrudes Namen ausstellen, den ich persönlich auszuführen gedachte, sobald das Schiff anlegte. Als ich am Kai ankam, fragte mich die Wache, ob ich eine Zutrittserlaubnis hätte. Ich sagte, ich müsse jemanden abholen, der im Verdacht stand, Kriegsverbrechen begangen zu haben, und wurde durchgelassen.

Das Schiff wurde gerade vertäut. Als ich näher kam, riefen die Frauen, die sich über die Reling beugten: »Benny! Da ist Benny!«

Gertrude hatte ihnen natürlich erklärt: »Benny wird da sein«, egal welche Hindernisse dafür zu überwinden seien.

Während ich die Gangway hinauflief, hielt ich nach ihr Ausschau. Endlich fand ich sie, woraufhin wir uns in die Arme fielen und küssten. Der Kapitän war außer sich: »Wer ist dieser Mann?«, fragte er. »Wie ist der hierhergekommen? Schafft ihn von Bord!«

Ich zeigte ihm meinen Zutrittspass, doch er meinte, der sei das Papier nicht wert, auf dem er geschrieben sei.

Ermittler, die sich mit Kriegsverbrechen befassten, umarmten ihre Verdächtigen normalerweise nicht. Also ergriff man mich und trug mich vom Schiff. Als ich am Pier saß, warfen mir die Frauen Nachrichten zu, in denen stand, ich solle ihre Männer anrufen und sie wissen lassen, dass sie eingetroffen seien. Ich telefonierte mit jedem einzelnen von ihnen.

Gertrude folgte mir nach Berlin, wo sie aufgrund ihrer Deutschkenntnisse eine Stelle beim Militär erhielt. Da ich deutschsprachige Mitarbeiter einsetzte, um die Unterlagen durchzugehen, landete sie irgendwann bei mir. Wir wohnten in einem Haus in einem guten Viertel. Es war eine schöne Zeit.

Wir verbrachten viele glückliche Abende damit, uns Aufführungen von sowjetischen Opernsängern und Balletttänzern auf den Bühnen von Berlin anzusehen, die wir uns in New York niemals hätten leisten können. Von Zeit zu Zeit sorgte Gertrude für eine Unterbrechung in meinem vollgepackten Terminplan, indem sie mich daran erinnerte, dass wir uns ja auf Hochzeitsreise befanden. Und sie hatte recht. Man sollte den Verpflichtungen des Partners immer verständnisvoll und unterstützend begegnen, aber man kann und muss sich auch Zeit füreinander nehmen.

Gebiete unter kommunistischer Kontrolle waren für unsere Reisen tabu, aber wir gaben uns große Mühe, den Rest von Europa zu sehen. Wir fuhren an Urlaubsorte in den bayerischen Alpen, in die Schweiz und nach Mailand, wo wir uns das berühmte Opernhaus und die Tankstelle ansahen, in der Mussolini nach seinem Tod kopfüber aufgehängt worden war. Niemand soll sagen, die Ferencz wären keine Romantiker gewesen.

In den frühen Nachkriegsjahren in Deutschland beschaffte Gertrude uns eine Mercedes-Limousine aus dem Jahr 1938. Eines unserer ersten Vorhaben damals bestand darin, denen unseren Respekt zu bezeugen, die im Kampf gefallen waren. Wir besuchten US-Soldatenfriedhöfe und Kriegsdenkmäler und erwogen kurz, an jedem Tor ein Schild mit der Aufschrift »War das wirklich nötig?« aufzuhängen.

Gertrude war die Bonnie zu meinem Clyde. Einmal übersah ich auf dem Weg von Meran nach München, dass sich zwischen uns und unserem Ziel die italienischen Alpen erstreckten. Da ich aber meinen Mut und meine Führungsstärke beweisen wollte, erklärte ich, das sei kein Problem, und fuhr einfach los.

Doch schon bald stellte sich heraus, dass wir es unmöglich auf den Pass hinauf schaffen konnten und stattdessen in prekärer Position an einem Abhang feststeckten. Es wurde immer kälter, der nächste Ort war über dreißig Kilometer entfernt. Wir wären wahrscheinlich erfroren, wenn wir dorthin gelaufen wären, und es war niemand in Sicht, den wir um Hilfe bitten konnten.

Zitternd stieg Gertrude aus dem Wagen, um mich zu leiten. Ich bugsierte das Auto ganz vorsichtig von der Kante weg, voller Furcht vor einer fatalen Pendelbewegung, und rutschte direkt in einen Graben.

In dem Augenblick musste ich an einen anderen ungarischen Jungen aus Budapest denken, über den ich als Jugendlicher viel gelesen hatte – ein Zauberkünstler namens Harry Weiss, der unter dem Namen Houdini auftrat und aus geschlossenen Kisten entkam, indem er irgendwo am Körper ein kleines Werkzeug versteckte. Ich erinnerte mich daran, dass sich im Mercedes ein kleiner Wagenheber befand, und nutzte ihn, um das Auto Zentimeter für Zentimeter zurück auf die Straße zu befördern. Man könnte es als Hokuspokus bezeichnen – ich nenne es Teamwork.

Die Lehre lautet daher: Es ist besser, umzukehren, wenn man sich auf dem falschen Weg befindet, selbst wenn es heißt, dass man sich sein Scheitern eingestehen muss. Ein Sturkopf, der weiter in die falsche Richtung fährt, könnte seinen Wagen in den Abgrund lenken. Diese Lektion lässt sich auch auf Auseinandersetzungen anwenden.

※

Bei einer anderen Gelegenheit konnten Gertrude und ich dem Tod nur entrinnen, indem wir aus einem brennenden Flugzeug über den Ruinen von Berlin mit dem Fallschirm absprangen. 1948, als wir darauf warteten, dass die Richter in einem der Prozesse zu einem Urteil kamen, waren Telford, sein Stellvertreter und ich zusammen mit unseren Frauen in einer alten zweimotorigen C-47-Propellermaschine auf dem Weg von Berlin nach Nürnberg. Das Wetter war miserabel. Es war regnerisch, windig und die Sicht war schlecht. Wir legten das Gurtzeug der Fallschirme an, wie es bei solchen Flügen vorgeschrieben war, und als Gertrude klagte, dass es bei ihr zu locker säße, witzelte ich, dass sie schon nicht hinausrutschen würde (einer meiner schlechteren Scherze).

Wir waren erst ein paar Minuten in der Luft, als General Taylor bemerkte, dass das rechte Triebwerk Öl verlor. Wenige Augenblicke später gab es mehrere Fehlzündungen, und der Pilot musste das Triebwerk sofort abschalten. Das Flugzeug verlor schnell an Höhe, der Captain brüllte: »Alle raus!« Ich griff nach Gertrudes Hand und wir rannten nach hinten. Durch den Wind war es zunächst schwer, die Luke aufzubekommen, doch noch während ich versuchte, mich Stück für Stück durch die Öffnung zu schieben, riss sie plötzlich weit auf und ich fiel ins Leere.

Ich zog an der Reißleine meines Fallschirms und traf hart auf einem Fußballplatz auf (nicht zu glauben, dass die Fallschirmjäger mich abgelehnt hatten, ich war ein Naturtalent). Sobald ich wieder zu Atem gekommen war, lief ich zum nächsten Haus und rief im Kontrollturm an, wo man mich darüber informierte, dass das Flugzeug tatsächlich gerade notgelandet sei. Aber eine Amerikanerin sei zuvor hinausgesprungen. Ich bat um eine Beschreibung der Frau und bekam zu hören, sie trage eine karierte Jacke. »Das ist meine Frau!«, schrie ich auf Deutsch.

Als ich Gertrude schließlich fand, war sie ziemlich zerzaust und hatte ein paar Schnittwunden und Kratzer abbekommen. Bei meinem Anblick brach sie in lautes Schluchzen aus, weil sie nach meinem Sturz aus dem

Flugzeug davon ausgegangen war, ich sei tot. Trotzdem war sie mir hinterhergesprungen.

Am nächsten Tag ging ich meinen Fallschirm holen. Obwohl er sich auf russischem Gebiet befand, erklärte ich, dass es sich um amerikanisches Staatseigentum handele. Später leistete er uns treue Dienste als Zelt bei Familienfeiern im Garten.

❋

In Nürnberg kam unser erstes Kind zur Welt. Insgesamt bekamen Gertrude und ich vier Kinder in fünf Jahren. Ich wollte zwölf – ich ging davon aus, dass sie im Dutzend billiger wären –, aber der Arzt sagte:»Wenn Sie zwölf wollen, besorgen Sie sich besser noch zwei weitere Frauen dazu.« Unsere erste Tochter Carol (die ihren Namen später in Keri änderte) kam zur Welt, als ich neunundzwanzig Jahre alt war. Wenig später folgten unsere zweite Tochter Robin Eve, unser Sohn Donald und unsere Jüngste, Nina Dale.

Ich genoss es sehr, Vater zu sein. Das Leben mit den Kindern war eine Freude. Wir waren glücklich. Doch das soll nicht heißen, dass keinerlei Probleme aufkamen. Es gab eine Zeit, in der Gertie und ich sogar Rat bei einem Psychologen suchten, weil die Kinder in der Pubertät und nicht zu bändigen waren. Er sagte, wir müssten warten, bis die wilden Jahre vorbei wären, dann käme alles in Ordnung. Die Kinder hätten gute Eltern, ein gutes Zuhause, eine gute Erziehung. Denke immer daran: Die Jugendjahre sind eine Zeit vorübergehenden Wahnsinns. Wir haben alle verrückte Dinge getan.

Gertrude konnte mit den Problemen der Kinder besser umgehen als ich. Vielleicht lag es daran, dass ich mich als Familienoberhaupt verpflichtet fühlte, sie vor allen Gefahren zu beschützen. So war es zum Beispiel, als unsere älteren Töchter nach einem Schuljahr auf einem Internat in England für die Ferien nach Hause zurückkehrten, weil ihre Mutter, die vom Internatsbesuch ohnehin nicht begeistert war, sie gern in ihrer Nähe haben wollte. Die Mädchen, die sich sehr darüber ärgerten, ihren Aufenthalt im Ausland unterbrechen zu müssen, verkündeten, dann würden sie eben ausreißen. Gertrude kaufte beiden einen Rucksack, gab ihnen ein bisschen Geld, bestand darauf, dass sie unseren Hausarzt darüber informierten, wo sie hinwollten, und warnte sie davor, per Anhalter zu fahren. In der nächsten Nacht weckte sie mich, um mir zu sagen, dass die Mädchen jetzt davonliefen. Keri, sechzehn, war an einem Seil aus ihrem Schlafzimmerfenster das Dach hinabgeklettert, um sich unbemerkt aus dem Staub zu machen; Robin, fünfzehn, war einfach durch die Haustür verschwunden. Einen Tag später wurden unsere Goldlöckchen von der Polizei aufgegriffen, als sie bei Laurel im Bundesstaat Maryland versuchten, per Anhalter weiterzukommen, und umgehend in eine Jugendarrestanstalt gesteckt. Wir waren sehr erleichtert.

Ich rief den Richter an und erklärte ihm, dass ich Anwalt und der Vater der beiden Mädchen sei; ich wolle ihn um einen Gefallen bitten. Ich fragte ihn, wie lange er unsere Töchter rechtmäßig festhalten könne. »Wir betreiben hier kein Hotel«, meinte er. Ich bat um Entschuldigung und sagte, ich würde dem Staat gerne alle Ausgaben erstatten, aber ich befürchtete, dass die zwei sofort wieder weglaufen würden, wenn man sie zu schnell entließe. Der Richter setzte sie für zehn Tage fest, während derer ihre Mutter mehrmals vergeblich versuchte, sie gegen Kaution freizubekommen. Danach rissen die beiden nie wieder aus.

❋

Nachdem unsere Arbeit in Nürnberg abgeschlossen war, sprachen mich einige jüdische Organisationen an, die gern wollten, dass ich dortblieb und mich für Wiedergutmachungsprogramme einsetzte. Wir kehrten erst in die USA zurück, als unsere älteste Tochter ins Schulalter kam, weil ich nicht wollte, dass die Kinder in Deutschland zur Schule gingen.

Zu Hause hatte ich erneut Probleme, eine Stelle zu finden. Die großen Kanzleien sagten: »Alles klar, wenn wir je einen Nazi haben, der gehängt werden soll, rufen wir Sie an.«

Also nahm ich typische New Yorker Fälle an – etwa von Menschen, die in der U-Bahn gestürzt und sich ein Bein gebrochen hatten –, bevor ich mit meinem alten Freund, Kollegen und Flugzeugabsturzgefährten General Telford Taylor eine eigene Kanzlei gründete. Bald hatte ich den Ruf, hoffnungslose Fälle auf Erfolgsbasis anzunehmen – Fälle rund um das Thema Meinungsfreiheit, die Politik der McCarthy-Ära und so weiter. Ich investierte mein Geld klug und mit Bedacht und schaffte es, als ehemals armer Junge zu einigem Reichtum zu kommen. Das hieß, dass ich großzügig für gute Zwecke spenden konnte, und das tue ich bis heute.

Sobald die Kinder alt genug waren, um in der Obhut von Babysittern zu bleiben, nahm Gertrude ihr Studium wieder auf. Mit fünfundvierzig Jahren schaffte sie den Abschluss. Ich ging gemeinsam mit allen Kindern zur Abschlussfeier. Gertrudes Noten waren immer besser als die ihrer Kinder. Sie belegte weiterhin Abendkurse und absolvierte ein Masterstudium in Gesundheitserziehung. Später folgte dann auch die Lehrerlaubnis, und es dauerte nicht lange, bis sie eine Stelle fand.

Leider war ihre erste Stelle als Lehrerin auch gleichzeitig ihre letzte. Man setzte sie an einer schwierigen Highschool ein, wo die Türen der Klassenzimmer oft abgeschlossen werden mussten. Es war eine zermürbende und beängstigende Arbeit. Gertrudes Forderung, die Klassengröße auf die Hälfte zu reduzieren, wurde erst nach ihrem Abgang umgesetzt. Gemeinsam entschieden wir, dass sie sich einen sichereren Arbeitsort suchen solle, woraufhin sie sich als Freiwillige für die Organisation *Planned Parenthood* engagierte. Dort traf sie auf junge Mädchen, manche von ihnen Vergewaltigungsopfer, die psychische Unterstützung und Schwangerschaftsberatung benötigten. Da sie sich nicht trauten, mit ihren Eltern, ihrem Arzt oder ihrem Pastor zu sprechen, suchten sie dringend Hilfe. Gertrude arbeitete dort mehrere Jahre lang unentgeltlich und versuchte in dieser Zeit niemals, einer Klientin vorzuschreiben, was sie zu tun habe. Sie klärte sie nur über die Optionen auf. Aber ich weiß, dass die Arbeit ihr manchmal schwer zu schaffen machte.

So ging es immer weiter. In den späteren Jahren unseres gemeinsamen Lebens flüchteten wir gerne vor den kalten Wintern in New Rochelle, wo wir lebten, in ein kleines Apartment in Delray Beach, Florida. Dort wohne ich auch heute, und dort kommen mich meine Kinder besuchen. Ich habe zu allen ein gutes Verhältnis. Mein Sohn wurde Anwalt und arbeitet mit mir zusammen an Fragen zum Weltfrieden. Alle vier haben ein Studium absolviert, waren erfolgreich in ihren Berufen und sind mittlerweile in Rente.

❖

Gertrude starb am 14. September 2019. Ich habe ein Foto von ihr auf dem Sterbebett. Auf anderen Bildern sieht sie aus wie ein Filmstar. Aber wichtiger war, dass ihre Schönheit auch von innen kam. Ich habe sie sehr geschätzt. Wir waren vierundsiebzig Jahre lang verheiratet, ohne uns je zu streiten, und davor waren wir schon zehn Jahre lang ein Paar gewesen. Ich hatte großes Glück. Als sie starb, war ich bei ihr und hielt die ganze Nacht lang ihre Hand. Ich vermisse sie sehr.

Ich kann nicht sagen, welche ihrer Eigenschaften ich am meisten gemocht habe, weil mir einfach alles an ihr gefiel. Sie war liebenswürdig, intelligent, anständig, anspruchslos, tolerant. Wir konnten jede Auseinandersetzung überwinden, weil wir die Meinung des anderen respektierten.

Sie war sehr geduldig, eine gute Mutter und eine gute Ehefrau. Sie glaubte immer an das, was ich tat, und ertrug es, dass ich oft und lange weg war. Alle meine Bücher sind ihr gewidmet, denn ich habe ihr die Rohfassungen immer vorgelesen, und sie hat das Geschriebene kommentiert und eigene Vorschläge gemacht.

Unsere Beziehung war eine echte Partnerschaft. Gertrude war mir bei meiner Arbeit eine ständige Begleiterin und hat alle Probleme und Hoffnungen mitgetragen. Ihre Geduld und ihr Verständnis waren mir bei meinen Bemühungen, die Welt friedlicher zu machen, stets eine wichtige Unterstützung. Es heißt, hinter jedem guten Mann stehe eine gute Frau – bei uns stimmt das. Die Tatsache, dass wir beide aus ähnlichen Verhältnissen stammten, mit ähnlichen Widrigkeiten zu kämpfen hatten, ähnliche Werte und Ziele verfolgten und gleichermaßen entschlossen waren, die Welt zu einem besseren Ort zu machen, sorgte dafür, dass unsere Verbindung über Jahrzehnte Bestand hatte.

Dass ich ihre Zuneigung gewonnen habe, betrachte ich als meinen wichtigsten Sieg.

KAPITEL 8

ÜBER
DURCHHALTEVERMÖGEN

Den Stein ein kleines bisschen weiter den Hügel hinaufrollen

Ich überlebte den Krieg durch pures Glück. Ich bin sehr klein, deshalb flogen die Kugeln über meinen Kopf hinweg. Unzulänglichkeiten haben immer auch Vorteile. Ich wurde vom Rang eines einfachen Soldaten zum Oberst und schließlich zum zivilen Äquivalent eines Brigadegenerals befördert, ein nicht ganz unbedeutender Posten. Es war nie mein Ziel gewesen, für das Militär zu arbeiten, doch da ich schwer schuftete und mich nützlich machte, brachte ich es dort zu etwas. Ohne das Militär wäre mein Leben wahrscheinlich ganz anders verlaufen.

Manchmal treffen wir auf Leitern, die wir eigentlich gar nicht erklimmen wollen – doch das bedeutet nicht, dass wir nicht dazu in der Lage wären, und auch nicht, dass uns die Aussicht von oben nicht trotzdem gefällt. Lehn das vor dir Liegende nicht ab, nur weil es nicht perfekt ist oder weil es nicht deinen Träumen entspricht; gib dein Bestes, und vielleicht stellt sich die Gelegenheit als bereichernder heraus, als du gedacht hattest.

Mit den Nürnberger Prozessen waren die Möglichkeiten dessen, was Recht und Gesetz zum Umgang mit den Folgen des Krieges beitragen konnten, noch nicht ausgeschöpft. Was als Nächstes kam, sollte viele Jahre in Anspruch nehmen. Im ersten Jahr des Jurastudiums in Harvard hatte ich im Kurs zum Thema Schadenersatzrecht etwas gelernt, das jedem Menschen, der über ein Herz und einen unabhängigen Geist verfügt, sofort einleuchtet. Wer jemandem ungerechtfertigterweise Schaden zufügt, ist dazu verpflichtet, diesen Schaden wiedergutzumachen und den Verlust zu kompensieren. Jetzt war es Zeit, dieses Prinzip im ganz großen Stil auf die Probe zu stellen.

Es war in der Menschheitsgeschichte noch nie vorgekommen, dass ein besiegter Staat einzelnen Opfern, die durch das illegale Handeln des Staates gelitten hatten, eine Wiedergutmachung zahlte. Aber ich hatte das Gefühl, es sei an der Zeit. Auf der Grundlage des simplen Prinzips aus dem Schadenersatzrecht fragte ich: »Nun denn, wie schaffen wir es, eine Wiedergutmachung für das zu erreichen, was in den Konzentrationslagern geschehen ist?«

Nach dem Krieg mussten die beiden neuen Länder Bundesrepublik Deutschland und Deutsche Demokratische Republik mit ihrer unmittelbaren Vergangenheit zurechtkommen. Das war nicht einfach. Der Mann, der die Bundesrepublik von 1949 bis 1963 als Kanzler regierte, Konrad Adenauer, war gläubiger Katholik und ein Nazigegner. 1951 hielt er eine Rede, in der er die furchtbaren Verbrechen am jüdischen Volk anerkannte und erklärte, dass Deutschland verpflichtet sei, sich um Wiedergutmachung zu bemühen.

Basierend auf dieser Rede berief der Präsident des Jüdischen Weltkongresses, Nahum Goldmann, eine Konferenz ein, die sich mit den jüdischen Ansprüchen an Deutschland beschäftigen sollte – die *Conference on Jewish Material Claims Against Germany.* Daran nahm auch ich teil. Sie fand in einem Hotel in New York statt. Da ich mich bereits im Auftrag der Militärregierung für die Rückgabe von nicht beanspruchten Besitztümern an jüdische Opfer eingesetzt hatte, galt ich als Experte. Goldmann lud auch andere jüdische Organisationen zu der Konferenz ein, um zu besprechen, wie auf Adenauers Andeutung, dass etwas getan werden sollte, zu reagieren war.

Ich weiß noch, wie eine Gruppe junger Juden in den Konferenzsaal drängte, die dagegen protestierten, das Thema Wiedergutmachung auch nur anzusprechen. Ihre Haltung war: »Was, ihr wollt euch mit den Mördern meiner Eltern zusammensetzen und über Geld reden? Schämt ihr euch denn gar nicht?« Ähnlich war die Stimmung auch im neu gegründeten Staat Israel, wo diese Frage zu Unruhen führte. Doch letztendlich wurde beschlossen, dass sich Vertreter der Konferenz mit dem westdeutschen Staat treffen sollten.

Wir waren uns schnell einig, dass es nicht um die Kompensation einzelner Leben gehen würde, weil man einfach nicht darüber streitet, ob Opa mehr wert sei als Oma. Das ist extrem heikel. Stattdessen wollten wir eine konkrete Entschädigung für das begangene

Unrecht. Wenn man dem Einzelnen seinen Schaden kompensieren kann, sollte man das tun; wenn nicht, sind andere Maßnahmen nötig, etwa ein Gesetz, das den Geschädigten in Zukunft Schutz verschafft, und ein Standard für angemessenes und unangemessenes Verhalten.

Und so kam es, dass ich gemeinsam mit einer Gruppe von Vertretern aller führenden jüdischen Organisationen der Welt über ein Abkommen zwischen dem Staat Israel – der zur Zeit der Verbrechen noch gar nicht existiert hatte –, der *Claims Conference* und dem neuen deutschen Staat – der zur Zeit der Verbrechen ebenfalls gar nicht existiert hatte, verhandelte.

Diese Aufgabe galt als unmöglich. So etwas hatte es in der Geschichte noch nie gegeben. Doch Westdeutschland zahlte schließlich Milliarden an Israel, die *Claims Conference* und andere Opfer des Nationalsozialismus, Juden wie auch Nichtjuden. Der Weg dorthin war weder einfach noch geradlinig, doch das ist etwas, woran du dich festhalten kannst, wenn du wieder einmal eine Idee hast, die du für lohnend hältst, von der aber alle anderen sagen, sie sei unmöglich umzusetzen. Mein größter beruflicher Erfolg war das, was ich in Verbindung mit den Wiedergutmachungszahlungen an die Opfer des Nationalsozialismus erreicht habe. Alles ist unmöglich, bis es geschafft ist.

Zu diesem Zeitpunkt in meinem Leben hatte ich bereits so viele zunächst unmögliche Dinge zustande kommen sehen, dass ich nun fest entschlossen war, eine weitere Sache anzugehen. Sehen heißt glauben. Ich hoffe, dass meine Geschichte anderen als Inspiration dient; sie ist sicher dazu geeignet. Doch die Erlebnisse einer einzelnen Person reichen nicht aus, um den Glauben aufrechtzuerhalten, und für die meisten gilt vermutlich, dass sie mehr auf die Worte eines Menschen geben, der aussieht wie sie selbst, spricht wie sie selbst und dort herkommt, wo auch sie herkommen.

Mach diese Menschen und ihre Geschichten ausfindig und wende dich an sie, wenn dir Zweifel an deinen eigenen Plänen kommen oder wenn du auf Hindernisse stößt. Der beschwerliche Weg hin zur Erfüllung der Hoffnungen und Träume – wie auch immer diese aussehen mögen –, kann sich anfühlen, als würde man auf hoher See auf der Stelle schwimmen. Doch wer ein Netz aus Geschichten zusammengetragen hat, die belegen, dass andere schon geschafft haben, was man selbst anstrebt, erkennt möglicherweise, dass es unter uns ein Fundament gibt, so stabil, als ständen wir auf der Brustwehr einer Burg.

Und wenn es dir gelingt, das Unmögliche zu vollbringen, erzähl deine Geschichte der ganzen Welt, damit andere, die aussehen und sprechen wie du, ebenfalls an sich glauben können.

❋

Der Vorsitzende Richter in Nürnberg, Michael Musmanno, war entschieden der Ansicht: »Wo es Recht gibt, erwächst auch ein Gericht.« Er hielt einen internationalen Strafgerichtshof für ein Mittel, Verbrechen gegen die Menschlichkeit in Zukunft einzudämmen und gegen Hass und Gewalt zwischen verschiedenen Weltanschauungen vorzugehen. Seine Hoffnung lautete, dass die Menschheit mit einer Kombination aus Intelligenz und Willen in der Lage wäre, einen Gerichtshof zu betreiben, der »die Menschheit bewahren« würde. Diese Hoffnung übernahm ich für mich und hege sie bis heute. Und so verabschiedete ich mich vom Wiedergutmachungsprogramm. Ich traf mich mit dem israelischen Berater der Vereinten Nationen, Dr. Jacob Robinson, der zudem ein geschätzter Freund von mir war, und erklärte ihm, dass ich mich auf die Errichtung eines ständigen internationalen Strafgerichtshofs konzentrieren wolle. Robinson sagte: »Nun, Ben, wir lassen dich nur ungern ziehen, und du hast dir eine unmögliche Aufgabe vorgenommen, aber wenn du es schaffst, hat es sich auf jeden Fall gelohnt.«

❖

Die Geschehnisse des Zweiten Weltkriegs mögen in unserer Zeit wie Ereignisse aus einem Film erscheinen, aber sie waren real, und unsere Aufgabe heute besteht darin, dafür zu kämpfen, dass etwas Derartiges nicht noch einmal passiert. Ich habe zwölf Bände zu dem Thema verfasst, doch kurz gesagt gilt: Alles steht und fällt damit, dass wir etwas daran verändern müssen, wie Menschen ihre Auseinandersetzungen führen.

Ich beschloss, es zu versuchen, einfach weil es das Richtige war. Das ist eine Vorgehensweise, die ich allen empfehle, die sich nicht sicher sind, ob sie eine Idee verfolgen sollen oder nicht. Überlege nicht, was der leichte Weg ist und was der schwere. Wenn es eine Frage von Richtig oder Falsch ist, tu immer das Richtige.

Anfang der 1970er-Jahre gab ich meine Tätigkeit als Anwalt in der Kanzlei auf, um mich ganz dem internationalen Justizwesen zu widmen. Ich schrieb Bücher, ging zu jedem Treffen der Vereinten Nationen, wirkte auf alle möglichen Personen ein, verfasste Artikel, hielt Vorträge. Ich sagte ein ums andere Mal: »Nach dem Zweiten Weltkrieg gab es die Nürnberger Prozesse. Wollen Sie es dabei belassen und keine weiteren Gerichtsverfahren durchführen? Wollen Sie das einfach so auf den Müll werfen?«

Ein wichtiger Schritt auf dem Weg hin zum Internationalen Strafgerichtshof war schließlich das Römische Statut aus dem Jahr 1998. Aus Anlass der Verabschiedung hielt ich eine Rede vor der Generalversammlung der Vereinten Nationen, bei der Vertreter von einhundertsechsundsechzig Staaten zugegen waren und in der ich mich für die Gründung eines solchen Gerichtshofs aussprach. Ich lag ihnen schon so lange deshalb in den Ohren. Nun sagte ich, jetzt und hier sei es so weit. Ich sei gekommen, um für diejenigen zu sprechen, die nicht selbst das Wort ergreifen könnten: die Opfer.

Im Herbst des Jahres 2000, gegen Ende der Regierungszeit von Bill Clinton, rückte die Frist für die Unterzeichnung des Römischen Statuts immer näher. Eines Tages rief mich Robert McNamara an, der von

1961 bis 1968, zu Zeiten des Vietnamkriegs, Verteidigungsminister der USA gewesen war. Er sagte, ich solle in unser beider Namen einen Gastbeitrag für die *New York Times* verfassen, in dem wir die USA aufriefen, dem Internationalen Strafgerichtshof beizutreten. McNamara war der Architekt der US-Militärstrategie in Vietnam gewesen. Ich sagte zu ihm: »Mr. Secretary, ist Ihnen bewusst, dass Sie, wenn wir diesen Gerichtshof gründen, einer der ersten Angeklagten sein könnten?« Er sagte, darüber sei er sich im Klaren, und wenn er gewusst hätte, dass sein Vorgehen illegal war, hätte er sich anders verhalten. Also schrieb ich einen Entwurf für einen gemeinsamen Text.

Anscheinend zeigte die Kombination aus uns beiden Wirkung, denn Clinton entschied sich letztendlich dazu, dem Statut beizutreten. Es war eine seiner letzten Amtshandlungen als Präsident.

Doch leider verkündete sein Nachfolger, George W. Bush, dass wir unseren Verpflichtungen als unterzeichnender Staat nicht weiter nachkommen würden – so ist das eben in einem politischen Prozess. Im Juli 2002 wurde der Internationale Strafgerichtshof schließlich gegründet, nachdem sechzig Staaten das Römische Statut ratifiziert hatten. Die USA gehörten nicht dazu.

✳

Obwohl ich nie einen offiziellen Posten bei den Vereinten Nationen bekleidet habe (was wunderbar ist, denn es bedeutet, dass mich niemand bezahlt und mich deshalb auch niemand feuern kann), hatte ich doch einen UN-Ausweis für Vertreter einer Nichtregierungsorganisation. Ich nahm an mindestens hundert Sitzungen teil und hörte mindestens tausend Diplomaten sagen, dass sie nicht in der Lage seien, den Begriff »Aggression« zu definieren, was purer und absoluter Schwachsinn ist. Sie zerpflückten jede vorgeschlagene Definition bis zum Gehtnichtmehr, nur um eine Ausrede zu haben, nicht dafür stimmen zu müssen. Eines der größten Hindernisse war der Grundsatz der USA, sich gegen jeden ständigen internationalen Gerichtshof zu stellen. Jedem Land, das dort Anklage einreichte, würden die Hilfsgelder gestrichen. Die Mächtigen fürchten jeden, der ihre Macht beschneiden will.

Doch obwohl Amerika der größte Gegner des Gerichtshofs war, stammte auch sein größter Befürworter, der renommierte Richter Robert Jackson, aus den USA. Jackson war nach dem Zweiten Weltkrieg am Prozess gegen die Hauptkriegsverbrecher in Nürnberg beteiligt gewesen.

Diese Spaltung der Meinungen besteht bis heute. Vorschläge für Veränderungen im Leben – egal wie groß oder klein – lösen meistens Gegenwehr aus. Menschen mögen keine Veränderungen und empfinden sie als bedrohlich. Selbst wenn man etwas derart Offensichtliches äußert, dass die Argumente des Gegenübers so absurd klingen, als würde er behaupten, das Gras sei pink und der Himmel gelb, wird es den Widerpart trotzdem geben. Akzeptiere das einfach und verschwende deine

Energie nicht auf Wut, wenn es passiert; spare sie dir stattdessen lieber für das auf, was du zu erreichen versuchst.

Die Mitglieder der aktuellen US-Regierung würden sagen: »Welcher Gerichtshof? Den gibt es doch gar nicht.« Und der gegenwärtige Präsident, wenn er überhaupt irgendetwas darüber weiß, hört nur auf seine Berater, die sich unweigerlich dafür aussprechen würden, weiter zu töten wie bisher. Dennoch habe ich durchaus auch Kontakt zu Menschen aus dem Weißen Haus gehabt, die meinem Anliegen positiv gegenüberstehen. Zu töten ist nicht mein Ansatz und wird es auch niemals sein, obwohl ich ein mehrfach ausgezeichneter Soldat mit Kampferfahrung bin, und es gibt viele Menschen, die meine Ansicht teilen. Ebenso gewiss wie die Tatsache, dass du stets Widersacher haben wirst, ist die Tatsache, dass es immer auch Leute geben wird, die so denken wie du. Finde sie, freunde dich mit ihnen an, sichere dir ihre Unterstützung, helft einander.

Gegen Ende der 2000er-Jahre rief mich der Chefankläger des Internationalen Strafgerichtshofs, der Argentinier Luis Moreno Ocampo, an und sagte: »Ben, unser erster Fall steht kurz vor dem Abschluss, und wir hätten gern, dass du das Schlussplädoyer für die Anklage hältst.« Er wollte den Bogen von Nürnberg zu diesem ersten Fall schlagen. Der Angeklagte war der kongolesische Warlord Thomas Lubanga Dyilo, der Kindersoldaten rekrutiert haben sollte. Er wurde verurteilt und sitzt, soweit ich weiß, bis heute im Gefängnis. Es war ein kleiner Triumph, ein erster Beweis dafür, dass jemand, der derart massive Verbrechen begeht, nicht einfach davonkommt. Auch wenn es einzelne Fehler und Probleme gab – nennen wir sie Wachstumsschmerzen –, hoffe ich doch, dass allein die Tatsache, dass der Gerichtshof gegründet wurde, dir als Ansporn dient, wenn du selbst schon seit ein paar Jahren oder Jahrzehnten versuchst, ein Projekt aus der Taufe zu heben. Nur weil etwas bisher nicht geklappt hat, heißt es nicht, dass es nicht passieren wird. Erwarte nicht, dass alles perfekt läuft.

❖

Wir können unsere Konflikte nicht weiter so lösen, wie es bisher geschieht: Wenn ein Staatsoberhaupt nicht mit dem einverstanden ist, was ein anderes Staatsoberhaupt tut, schickt es junge Menschen aus Land A in Land B, um die jungen Leute dort umzubringen, auch wenn sie diese gar nicht kennen und sie ihnen wahrscheinlich nie etwas getan haben. Die beiden Gruppen töten einander, bis sie erschöpft sind. Dann halten sie inne und jede erklärt sich zum Sieger, bevor sie erneut loslegen. In einem weiteren Gastbeitrag in der *New York Times* äußerte ich mich vor Kurzem zur Erklärung der US-Regierung, man habe auf Anweisung des Präsidenten einen wichtigen militärischen Anführer eines Landes »ausgeschaltet«, mit dem wir uns nicht im Krieg befinden. Meiner Meinung nach ist das eine unmoralische Handlung, die klar gegen nationales und internationales Recht verstößt. In dem Gastbeitrag schrieb ich, die Öffentlichkeit habe ein Recht darauf, die Wahrheit zu erfahren. Ich sagte, wir befänden uns in tödlicher Gefahr, solange wir keinen Sinneswandel bei denen erreichten, die anscheinend Krieg über Recht stellten. An dieser Stelle möchte ich auf Kapitel 6 verweisen, »Über Wahrheit«: Selbst wenn du den Eindruck hast, niemand wolle deine Wahrheit hören, bist du es dir selbst und deinem Gewissen schuldig, sie auszusprechen.

Meinen eigenen Forschungen zufolge gibt es drei große Gründe dafür, Krieg zu führen. Der erste ist Religion – Menschen sind bereit, zu töten und zu sterben, wenn sie meinen, dass ihr Gott bedroht wird. Der zweite ist Nationalismus – Menschen sind bereit, zu töten und zu sterben, wenn sie meinen, dass ihr Land bedroht wird. Der dritte Grund sind die wirtschaftlichen Umstände – wer seine Frau und seine Kinder nicht ernähren kann, ist bereit, zu töten und zu sterben.

Seit der kleine David den großen Goliath besiegt hat, sind wir der Ansicht, dass es gut ist, Steine zu werfen. Doch dabei haben wir außer Acht gelassen, dass Ideologien nicht durch Waffen sterben. Wir glauben, wenn wir in ein Land einmarschieren und die Hälfte aller Feinde töten, wären wir die Sieger. Das ist eine idiotische Sichtweise. Aber es ist die Sichtweise, die heute vorherrscht. Es gibt Dutzende Länder, die jetzt gerade damit beschäftigt sind, einander umzubringen. Manchmal, wie in Ruanda, sind es Menschen gleicher Hautfarbe und gleichen Glaubens, mit nur leicht abweichenden Überzeugungen, die einander abschlachten.

Man kann Probleme nicht lösen, indem man Unschuldige tötet – sie sind nicht diejenigen, die die Fäden in der Hand halten. Vor allem, da in unserem heutigen Cyberspace-Zeitalter gilt, dass der nächste Krieg auch der letzte sein wird. Er wird dem Leben auf der Erde ein Ende bereiten. Wir alle müssen den Krieg ächten, möglichst schon in ganz jungen Jahren. Wie wir das schaffen? Das lässt sich mit nur einem Wort beantworten: langsam.

Als ich meinen Kampf für die Gründung eines internationalen Strafgerichtshofs begann, war mir vollkommen bewusst, dass ich wahrscheinlich nicht mehr miterleben werde, wie er reibungslos funktioniert. Es dauert eben länger als eine Lebensspanne, etwas zu bekämpfen, das jahrelang glorifiziert wurde. Doch allein das Bewusstsein, dass ich für eine Verbesserung sorgen könnte, dass ich den Stein ein Stück weit den Berg hinaufrollen könnte, genügte mir.

Drei Lehren möchte ich dir aus dieser Erfahrung gern mit auf den Weg geben. Erstens: Manche Dinge sind es wert, dass man sich für sie einsetzt, auch wenn man das Ergebnis nicht selbst zu sehen bekommt oder den Lohn dafür nicht mehr einstreichen kann. Es ist ein nobles Ziel, etwas erschaffen zu wollen, das anderen Menschen zugutekommt, und es sollte ganz natürlich sein, dass wir das für unsere Nachfahren oder Nachfolger anstreben. Das gilt meiner Meinung nach nicht nur für das Ende des Lebens, sondern auch, wenn man ein Unternehmen, ein Amt, eine Schule oder Universität verlässt. Handele im Interesse der Menschen, die das erben, was du erreicht hast. Zweitens: Kein Mensch ist eine Insel. Man kann nicht alles allein schaffen. Teams, Gemeinschaften, Freunde sind der Schlüssel zu fortwährenden – und hoffentlich dauerhaften – Erfolgen. Und drittens: Schau nicht zu sehr auf Geschwindigkeit. Denk an die Fabel vom Hasen und der Schildkröte. Nicht alles, was gut ist, lässt sich rasch erreichen, und Schnelligkeit ist keine Garantie für Erfolg. Ich empfinde die Bemühungen, etwas zu verändern, nicht als ermüdend. Lass auch du dich nicht von dem, was du verändert sehen möchtest, auslaugen, wenn du das Gefühl hast, das Ergebnis ist die Mühe wert. Mich selbst hat die Hoffnung, die Einstellung der Menschen zum Thema Krieg zu ändern, fast fünfundsiebzig Jahre lang angetrieben.

Wie lange es dauert, bis ein Wandel vollzogen ist, hängt davon ab, wie lange der vorherige Zustand geherrscht hat. Es war immer klar, dass es schwierig sein würde, etwas, das seit Jahrhunderten verherrlicht wird, innerhalb einer Lebensspanne grundlegend zu verändern. Die Glorifizierung des Krieges ist so sehr in unserer Kultur verankert, dass sie dir bisher gar nicht aufgefallen sein mag – sie äußert sich in Paraden, Flaggen und marschierenden Soldaten. Ich gehe niemals zu den Feierlichkeiten am 4. Juli, dem amerikanischen Nationalfeiertag. Das grelle Licht der Raketen, das Knallen der Explosionen, während alle jubeln, ist schrecklich für mich, weil ich selbst erlebt und gesehen habe, wie Bomben Unschuldige töten.

Was zum Teufel wird denn da gefeiert? Gute Menschen gegen böse Menschen? Adolf Hitler hat die Welt in Gut und Böse eingeteilt. Er war ein Mann, der zu seinem Land sagte: »Wir sind die Größten.« *Deutschland über alles*. Daran glaubte er. Wo ist er heute? Die Nazis haben Millionen Menschen ermordet, und was hat es ihnen gebracht? Heute denkt der deutsche Staat ganz ähnlich wie ich. Er hat mir – dem ehemaligen Feind – seine höchste zivile Auszeichnung verliehen, das Bundesverdienstkreuz. Dabei bin ich der Kerl, der dafür gesorgt hat, dass ein paar deutsche »Helden« aufgeknüpft wurden, und der den Deutschen ein Wiedergutmachungsprogramm eingebrockt hat.

※

Politiker und ihre Anhänger, die sagen, ihr Land sei das größte – oder die sich *wünschen*, dass ihr Land das größte ist –, sind Kleingeister. Das Größte ist entweder eine Welt, in der wir alle friedlich koexistieren können, oder gar nichts. Menschen, denen nur ihre eigene Nation am Herzen liegt, klingen wie Kinder, die sich über ihre jeweilige Ecke auf dem Spielplatz streiten. Und Menschen, die sagen, eine geeinte Welt sei nicht möglich, fehlt entweder die Vorstellungskraft oder sie profitieren vom Status quo.

Ich bin jetzt hundert Jahre alt und hocherfreut über die Fortschritte, die ich miterlebt habe. Es hieß, dass es nie so weit kommen würde, doch es passiert, wir sehen Verbesserungen. Es gibt mittlerweile eine ganze Reihe von Gesetzen, um die Menschenrechte weltweit zu schützen. Sie werden nicht sehr effektiv durchgesetzt, aber wir verfügen über Gerichtshöfe, auch den Internationalen Strafgerichtshof. Ist das zufriedenstellend? Natürlich nicht. Wird es irgendwann zufriedenstellend sein? Natürlich wird es das. Wir sind schon weiter gekommen, als ich es je für möglich gehalten hätte. An jeder Universität der Welt werden Völkerrecht und die Menschenrechte gelehrt. Das war zu Zeiten meines Jurastudiums noch anders. In der Verfassung der Vereinigten Staaten stand einmal, dass Frauen nicht wählen und kein Land besitzen dürfen. Heute erleben wir, dass Frauen und People of Color für die Präsidentschaft kandidieren und auch gewählt werden. Die Fortschritte sind da. Mach dir keine Sorgen über einzelne Ausschläge, entscheidend ist der grundlegende Trend.

❖

Zurück zum internationalen Strafgerichtshof. Im Moment ist es sehr schwer, die Vorgänge dort zu beschleunigen. Viele Verdächtige und ihre Komplizen regieren in den Ländern, in denen schwere Verbrechen begangen werden; es ist unwahrscheinlich, dass sie Ermittler hereinlassen, sodass es schwerfällt, Beweise oder Zeugen zu finden. Die Tatsache, dass es den Gerichtshof gibt, ist ein großer Erfolg. Die Tatsache, dass bei den Verfahren Probleme auftreten, ist wenig überraschend, doch die Menschen dort geben unter komplizierten Bedingungen ihr Bestes. Der Gerichtshof ist international anerkannt, und es gibt Leute, die alles daransetzen, ihn abzuschaffen, weil sie ihn fürchten. Auch wenn wir keine Strafverfolgung garantieren können, können wir doch mit ihr drohen, und wir verfügen über einen Gerichtshof, der bereits in vielen Fällen angerufen werden kann und deshalb langsam einen Rahmen dafür erschafft, was hingenommen wird und was nicht.

Viele Staatschefs, die Kriegsverbrechen begehen, fragen sich mittlerweile, ob sie vielleicht irgendwann dafür vor Gericht gestellt werden. Bisher müssen sich die wirklich wichtigen Nationen keine großen Sorgen machen, weil sie über Atomwaffen verfügen. Aber es ist nicht so schwierig, gegen Staatschefs vorzugehen, Atombombe hin oder her. Und weißt du, warum? Weil ich die Wahrheit sage. Wie kann ich gegen einen Mann wie den US-Präsidenten vorgehen? Ganz einfach: Indem ich die Wahrheit ausspreche. Glaube an das, was du tust, dann kann dir niemand Angst einjagen.

❖

Menschen sollten einander so behandeln, wie sie selbst behandelt werden wollen, doch daran scheitern wir jeden Tag. Ich sehe es in den Nachrichten. Niemand sollte Menschen töten, weil sie eine andere Hautfarbe haben, oder ihnen die Bildung verweigern oder eine bestimmte Gruppe hassen oder ein Baby aus den Armen seiner Mutter reißen mit den Worten: »Deine Papiere sind nicht in Ordnung. Wir kümmern uns um das Kind und jetzt verschwinde«, und sie dann in das Land zurückschicken, aus dem sie vor lauter Angst um ihr Leben geflohen ist. Das darf in einer zivilisierten Welt nicht geschehen. Nach außen hin stimmen mir die meisten Menschen zu. In der Praxis machen sie dann Einschränkungen geltend. Doch man ist entweder zivilisiert oder eben nicht. Wenn es um Menschlichkeit geht, gibt es kein Wenn und Aber. Die Mächtigen dazu zu bringen, das zuzugeben, ist ein fortdauernder Kampf.

❖

Was auch immer du erreichen willst – mach dir keine Sorgen, wenn es nicht gleich klappt. Stelle nur sicher, dass dir andere Leute zuhören, an die du den Staffelstab überreichen kannst. Ich habe vor ein paar Jahren eine Rede in einem Saal gehalten, in dem sich lauter junge Leute drängten. Tosender Applaus. Die Annahme, dass sich die Menschen nicht aufrütteln lassen, ist falsch. Es gibt nur zu viele Ablenkungen. Die meisten jungen Menschen haben keine Zeit, um sich Gedanken über Politik zu machen. Sie machen sich Gedanken über das nächste Footballspiel oder die nächste Party, aber man muss bei der Sache bleiben. Ihnen gehört die Zukunft – wenn sie das bemerken, kann sie nichts mehr aufhalten.

Aber auch die Älteren in den hinteren Reihen sollten nicht aufgeben. Lass dir von niemandem erzählen, deine Zeit sei vorbei. Kämpfe leidenschaftlich für dein Ziel, bewahre dir das Feuer, dann wirst du auch etwas erreichen. Ich habe so schreckliche Dinge gesehen, dass ich keine Ruhe finde. Das bin ich meinem Gewissen schuldig. Ich muss mich bemühen, diese Welt für alle Menschen humaner zu machen. Man könnte meinen, dass ich mit dem Alter müde oder zynisch geworden wäre, doch in Wahrheit habe ich mehr Energie denn je, und ich kann nur hoffen, dass das Feuer, das in mir lodert, auf andere Menschen übergreift. Bleib also positiv. Was auch immer dich stört, wie ernst die Lage auch wirkt, du kannst es bezwingen. Ich bin mir sicher, dass du schon Schlimmeres überlebt hast, und das ist auch meine Maxime.

Und denke daran: Wenn du es nicht schaffst, ein zufriedenstellendes Ergebnis zu erreichen, kannst du den Stein zumindest ein kleines bisschen weiter den Berg hinaufrollen. Erhöhe den Druck. Schreibe. Lerne. Verbreite deine Botschaft. Gewinne weitere Menschen für dein Anliegen. Gib niemals auf. Eines Tages werden wir am Gipfel angekommen sein.

KAPITEL 9

ÜBER DIE ZUKUNFT

Die Augen offen,
die Hände am Steuer

Das hier sind in gewisser Weise meine Abschiedsworte, weil ich mich in meinem hundertersten Lebensjahr befinde, das gut das letzte sein könnte. Wenn es nach mir geht, lebe ich noch weitere hunderteins Jahre, und dann ist das hier keineswegs mein letztes Buch (ich bin dafür bekannt, mich gern und ausführlich zu äußern, und habe nicht vor, daran etwas zu ändern).

Doch da dies zumindest vorläufig das letzte Kapitel in diesem Buch ist, folgen hier ein paar letzte Ratschläge, von denen ich hoffe, dass sie dich in ein langes, glückliches, gesundes und bedeutendes Leben entsenden. Ich freue mich schon sehr auf deinen hundertsten Geburtstag.

❋

Kümmere dich um deine Gesundheit und bleib fit. Ich bin früher jeden Tag geschwommen, und falls du befürchtest, nicht sportlich veranlagt zu sein, lass dir sagen, dass ich auch nicht gerade ein Naturtalent im Wasser war. In der Schule mussten wir die Rettungsschwimmerprüfung des Roten Kreuzes ablegen, und eine der Anforderungen bestand darin, mehrere Minuten lang bewegungslos auf dem Wasser zu treiben. Ich erklärte dem Schwimmlehrer, dass ich nicht an der Oberfläche blieb. Er sagte: »Unsinn, der menschliche Körper treibt automatisch oben.« Das werde er mir beweisen. Er ging mit mir zum Beckenrand, wies mich an, tief Luft zu holen, die Knie an die Brust zu ziehen und mich kopfüber ins Wasser fallen zu lassen. Ich würde wie ein Korken auf der Oberfläche schwimmen, versicherte er mir. Also tat ich wie befohlen und sank, wie von mir angekündigt, mit dem Kopf zuerst Richtung Boden. Der Lehrer sagte, ich sei der erste Mensch, dem er je begegnet sei, der nicht oben schwimme, und ich meinte, vielleicht läge das an den Flausen in meinem Kopf – denn von denen war öfter die Rede.

Der Lehrer, der eine Chance witterte, fragte mich, ob ich Bananen möge. Ich sagte Ja. Dann erklärte er mir, dass es zum Ende des Halbjahrs eine Wasser-Show geben werde und dass ich dabei eine unvergessliche Rolle spielen könne. Ich müsste nur mit einer Banane ins Becken springen, mich auf den Grund sinken lassen, die Banane schälen, sie mir in den Mund stecken, Wasser ausblasen, wieder an die Oberfläche kommen und mit der Schale in der Hand in Richtung Publikum winken. Das tat ich, zur hellen Freude der begeisterten Zuschauer. Ich lieferte eine tolle Show ab.

Jahre später aß ich in einem kleinen Bistro in Paris zu Mittag, als mir ein Mann am Nebentisch auffiel, der mich anschaute. Irgendwann kam er zu mir herüber und fragte: »Sind Sie Benny?«

Ich freute mich, aufgrund meiner Arbeit erkannt worden zu sein, und sagte Ja. Da klopfte er mir auf die Schulter und meinte: »Mann, als ich dich das letzte Mal gesehen habe, warst du fast nackt und hast in zweieinhalb Metern Wassertiefe eine Banane gegessen.«

Heutzutage absolviere ich ein selbst zusammengestelltes Fitnessprogramm, das jeden Morgen rund zwanzig Minuten in Anspruch nimmt. Ich versuche, alle Muskeln in meinem Körper so viel wie möglich zu bewegen. Wenn ich morgens aufwache, strecke ich mich noch im Bett in alle Richtungen. Dann »radele« ich auf dem Rücken liegend mit den Beinen und mache fünfundzwanzig Sit-ups. Im Anschluss stehe ich auf und gehe zur Tür, öffne sie, schaue, wie das Wetter ist, und mache ein paar Atemübungen, um die abgestandene Luft aus meinen Lungen zu vertreiben. Ich atme fünfundzwanzig Mal ein und aus. Dabei beuge ich mich erst ganz und dann halb nach unten und bewege die Arme seitlich ausgestreckt auf und ab. Die Nachbarn halten mich natürlich für verrückt.

Ich schalte das Radio ein, um zu hören, was in der Welt so Verrücktes passiert, und mache ein paar Kniebeugen. Dann lege ich mich bäuchlings auf den Boden und trete mit den Füßen nach hinten, was ziemlich albern aussieht. Als Letztes kommen die Liegestütze. Früher habe ich hundert gemacht, jetzt habe ich auf fünfundsiebzig reduziert.

❖

Rauchen, trinken und schwer verdauliche Speisen sind schlecht für dich, aber das weißt du ja ohnehin.

❖

Guter Schlaf ist sehr wichtig, um das Gewissen zu klären. Ich schlafe acht bis zehn Stunden pro Nacht und habe zum Glück nie Probleme mit dem Einschlafen gehabt. Ich werde oft gefragt, wie das trotz der schrecklichen Erlebnisse im Krieg möglich war, aber die Antwort ist ganz einfach: Ich war so müde, dass ich quasi umfiel.

❖

Unternimm immer einen Versuch. Als ich bei meinem Eintritt ins Militär medizinisch untersucht wurde, fragte mich der Arzt, ob ich irgendwelche Probleme hätte, und ich sagte ihm, mein Magen produziere zu viel Säure, weshalb ich oft Bauchschmerzen hätte, wenn ich das Falsche aß. Er sagte, beim Militär gäbe es nicht das richtige Essen für mich, daher könne er mich nicht zulassen. Ich war sehr enttäuscht und bat ihn, es mich versuchen zu lassen. Wenn es nicht klappte, könnten sie mich später immer noch ausmustern. Ich überlebte. Probiere immer alles aus; du kannst mehr, als du glaubst.

✼

Das Leben ist nicht perfekt, und vor allem dann, wenn wir furchtbare Dinge oder Not erlebt haben, ist es schwierig, dauerhaft glücklich zu sein. Doch es gibt immer Anlass zur Zufriedenheit. Ich habe ein langes Leben gehabt, ich bin gesund, ich hatte eine wunderbare Frau, ich habe vier Kinder, die alle eine gute Bildung genossen und ein soziales Gewissen entwickelt haben. Sie sind weder im Krankenhaus noch im Gefängnis. Das sind die Tatsachen, die mich zu einem Glückspilz machen. Und solche Dinge gibt es auch in deinem Leben, wenn du danach Ausschau hältst.

✼

Ich bin New Yorker, und wir sind speziell und hart im Nehmen, aber nirgendwo ist es so schön wie in Paris.

✼

Lies Bücher, die dich inspirieren. Ich bin ein großer Freund von Sachbüchern, vor allem von Werken über Religion. Aber mein Lieblingsbuch ist, ob du es glaubst oder nicht, *Krieg und Frieden*. Als der Krieg vorbei war, verbrachte ich ein paar freie Tage in der Schweiz, und als ich zurückkehrte, war meine Einheit überraschenderweise bereits auf dem Weg zurück in die USA. Also ließ ich mich von einem anderen Schiff mitnehmen, auf dem mich niemand kannte. Ständig wollte man mir die Drecksarbeit übertragen. Daher versteckte ich mich unter der Treppe und las das Buch.

❖

Hab immer Feuer in dir.

❖

Mach keine Trends mit, sondern schaff eigene. Ich habe eine sehr gute Pflegerin, der ich erklärt habe, dass ich mit einem schwarzen und einem roten Schuh vor die Tür gehen wolle. Sie sagte: »Das geht nicht.« Ich fragte: »Warum nicht? Ich weise Sie darauf hin, dass es sich um zwei völlig einwandfreie Schuhe handelt. Warum müssen sie zueinander passen?«

Wäre ich ein Filmstar, der so auf die Straße ginge, würden sich alle sofort die gleiche Kombination aus einem roten und einem schwarzen Schuh kaufen.

❖

Die Zukunft ist unvorhersehbar und selbst die besten Pläne gehen schief. Halt die Augen immer offen, aber noch wichtiger ist es, sich auf die Gegenwart zu konzentrieren: Deine Hände werden vor allem hier und jetzt am Steuer gebraucht, und die Zukunft hat die Angewohnheit, sich um sich selbst zu kümmern.

✤

Stirb nicht mit einem vollen Bankkonto. Was bringt das Geld dort? Leg etwas für schlechte Zeiten beiseite, aber spende auch an Wohltätigkeitsorganisationen, wenn du dazu in der Lage bist, und sei großzügig zu deiner Familie.

✤

Scheitern ist eine Frage der Einstellung. Behandele es wie eine Hürde auf dem Weg zum Erfolg statt wie eine Sackgasse. Wenn du einmal stürzt, steh wieder auf und laufe weiter, und tu dein Bestes, um sicherzustellen, dass du beim nächsten Mal nicht wieder über die gleiche Hürde stolperst.

✤

Lass niemanden sagen, er wolle für sein Land sterben. Das ist dämlich. Man sollte für sein Land leben wollen.

✤

Jeder muss als unschuldig betrachtet werden, bis seine Schuld bewiesen ist.

✤

Vertraue keinem Politiker. Sie sind hauptsächlich an ihrer Wiederwahl interessiert und in dieser Hinsicht extrem ehrgeizig. Ich sage nicht, dass jeder, der in der Politik tätig ist, korrupt ist. Manche kämpfen unermüdlich und tun, was sie können, egal in welchem Amt. Doch die meisten denken vor allem an sich selbst und stellen das öffentliche Interesse hintenan. Zieh deine Volksvertreter regelmäßig für ihr Handeln zur Verantwortung, vor allem, wenn du sie gewählt hast.

❊

Wie heilt man ein gebrochenes Herz? Diese Frage ähnelt der nach einer friedlichen Welt. Es gibt eine zehn Bände umfassende Antwort auf beide und eine, die nur aus einem Wort besteht: langsam.

❊

Auch in sehr ernsten Zeiten ist es immer wichtig, Spaß zu haben. Das beherzige ich jeden Tag. Wie du vielleicht schon erraten hast, bin ich ein Spaßmacher.

Selbst in Nürnberg ging es durchaus vergnüglich zu. Mir hing schnell der Ruf eines Mannes an, der kostenlos unerschöpfliche Biervorräte beschaffen konnte. Die Juristen aus dem OCCWC (Office of Chief Counsel for War Crimes, leitende Justizbehörde für Kriegsverbrechen) waren in einer Villa rund fünfzehn Kilometer vom Gericht entfernt untergebracht, die unter dem euphemistischen Begriff »Junggesellenquartier« lief. Das wäre eigentlich ideal gewesen, wenn man uns dort auch mit Essen versorgt hätte. Die anderen fünf Juristen beauftragten mich damit, eine Lösung für das Problem zu finden. Als Erstes rief ich in der Fuhrparkzentrale an und befahl dem Unteroffizier dort, uns einen Jeep zu schicken. Als er sich weigerte, fragte ich ihn, wie es sich wohl anfühlen würde, für den Hungertod der Mitarbeiter von General Taylor verantwortlich zu sein.

Mit dem Jeep fuhr ich ins Depot des Quartiermeisters, wo ich einige Formulare ausfüllte, um die Ausgabe von Lebensmitteln an eine neue Kantine zu verfügen. Doch eine der Fragen bezog sich auf die Anzahl der Personen, die versorgt werden sollten. Ehrlich, wie ich war, meldete ich sechs Personen. »Tut mir leid, Kumpel«, sagte der diensthabende Sergeant. »Das Minimum beträgt fünfundzwanzig. Ich kann dir nicht helfen.«

Ich wusste, dass die Schicht des Sergeanten eine halbe Stunde später endete, also bedankte ich mich bei ihm, wünschte ihm alles Gute und ging wieder. Ich fuhr eine halbe Stunde lang durch die Gegend und kehrte dann zurück, um den neuen Soldaten im Dienst zu begrüßen. Als er zu der Frage kam, wie viele Männer mit Nahrung versorgt werden müssten, antwortete ich wahrheitsgemäß: »Das ist unterschiedlich, aber geben Sie mir einfach das Minimum und ich sage Ihnen Bescheid, wenn wir mehr brauchen.« Kein Problem. Man versicherte mir, wir würden genügend Lebensmittel bekommen.

Die Bierration musste direkt in einer Nürnberger Brauerei abgeholt werden. Ich beschaffte mir ein Fahrzeug eines Nazi-Kommandanten, einen überdimensionalen Jeep, der von der US-Armee beschlagnahmt worden war.

Ich weiß nicht mehr, wie viele Fässer Bier für fünfundzwanzig Soldaten vorgesehen waren, doch es war auf jeden Fall genug, dass sechs Soldaten es sich richtig gut hätten gehen lassen können. Die Brauerei war eine riesige Anlage, und ich konnte das Bier unmöglich allein verladen. Dann erfuhr ich, dass das Unternehmen Bier in Lastwagen an die örtlichen Kneipen auslieferte. Also suchte ich eine Kneipe ganz in der Nähe unserer Unterkunft heraus und schloss einen Pakt mit dem Besitzer: Ich würde die Brauerei anweisen, meine Fässer dorthin zu liefern, er würde das Bier in Flaschen abfüllen und bis zu meiner Ankunft auf Eis kühlen. Dafür könnte er die Hälfte für sich behalten.

Damit war Bennys Bierversorgungssystem geboren. Von da an fand in Nürnberg jeden Abend eine Party statt. Wir warteten darauf, dass die Prozesse beginnen würden, der schreckliche Krieg war endlich vorbei, und wir feierten unseren Sieg. Nun galten andere Sitten, es gab keine Kontrollen. Jeder, der dringend ein paar Kisten Bier benötigte, konnte sich bei mir melden. Wenn ich davon überzeugt war, dass es im Interesse meines Landes war, der Anfrage stattzugeben, rief ich meinen Partner in der Kneipe an und wies ihn an, jeden mit Bier zu versorgen, der ihm gegenüber die Codeworte »Benny schickt mich« äußerte.

So erhielt ich den Ruf, Wunder zu vollbringen. Mein Ruhm und meine Beliebtheit in Nürnberg beruhten nicht darauf, dass ich die Anklage beim größten Mordprozess aller Zeiten in kürzest möglicher Zeit abschloss, sondern allein auf meiner geheimnisvollen Fähigkeit, unbegrenzt Freibier für alle Juristen und ihre Freunde zu beschaffen.

*

Sei dein eigener Held. Ich hatte niemals irgendwelche Idole. Ich war im Yankee-Stadion und sah, wie Babe Ruth einen Home Run hinlegte. Alle waren außer sich vor Begeisterung. Ich nicht. Schön, er kann einen Ball härter schlagen als die anderen – na und? Wir versuchen alle, unsere Home Runs zu erzielen.

*

Mach es dir gemütlich. Ich sehe immer aus wie ein Penner; das ist mein Alltagsaufzug. Krawatte, Jackett und Anzughose bezeichne ich als Arbeitstracht. Wenn du mich seriös gekleidet in einer Fernsehsendung sitzen siehst, denke immer daran, dass ich normalerweise weiße Socken, eine bequeme Hose und keine Krawatte trage.

*

Nimm dich selbst nicht zu ernst. Ich habe viel Glück gehabt, es aus den Umständen meiner Kindheit heraus bis hierher zu schaffen. Das ist mir überaus bewusst, daher beklage ich mich nicht über Kleinigkeiten. Ich mache nicht aus jeder Mücke einen Elefanten. Nimm die Dinge, wie sie kommen.

❄

Die besten Eigenschaften, die ein Mensch haben kann, sind Redlichkeit, Warmherzigkeit und Toleranz. Tu niemals etwas, für das du dich schämst.

❄

Ich schaue auf ein Foto von meiner Frau und mir, das auf meinem Schreibtisch steht. Es befindet sich in einem Rahmen, auf dem »Für immer« steht. Dieses Bild habe ich den ganzen Krieg über in der Tasche getragen. Hab die Menschen, die du liebst, immer bei dir, wo du auch bist, selbst wenn diese Menschen nicht mehr unter uns weilen. Liebe währt ewig.

Dank

Ich danke Nadia Khomami, Journalistin und Reporterin beim *Guardian*, für ihre Zeit und ihre Mühen bei der Aufzeichnung und der Abschrift der Interviews, die die Grundlage dieses Buches bilden. Außerdem danke ich Emily Barrett, meiner Lektorin bei der Little, Brown Book Group, für ihren hilfreichen Beitrag zur Entstehung dieses Buches und dafür, dass sie auf die Idee kam, ich könnte meine Lebenserfahrungen im vorliegenden Format einem allgemeinen Publikum vermitteln.

Darüber hinaus wäre es verfehlt, mich nicht bei denjenigen zu bedanken, die das hier lesen und ebenso wie ich daran interessiert sind, die Welt durch die Herrschaft des Rechts zu einem humaneren Ort zu machen. Ihnen möchte ich zur Ermutigung sagen: Gebt niemals auf!

Bildnachweis